DE GAULLE
SECRET

François Broche

DE GAULLE
SECRET

Pygmalion
Gérard Watelet

Paris

Sur simple demande aux *Éditions Pygmalion/Gérard Watelet,
70, avenue de Breteuil, 75007 Paris*
vous recevrez gratuitement notre catalogue
qui vous tiendra au courant de nos dernières publications.

© 1993, Éditions Pygmalion/Gérard Watelet à Paris
ISBN 2-85704-385.6

Pour Sarah

« *Ce n'est pas tout de naître pour un grand homme, il faut mourir.* »

CHATEAUBRIAND

« *Le sortilège de la gloire dépasse toutes les magies de l'amour, car la vieillesse ni la mort ne la peuvent exorciser.* »

BARRÈS

« *La tragédie de la mort est en ceci qu'elle transforme la vie en destin.* »

MALRAUX

« *Le Titan, qui s'efforce à soulever le monde, ne saurait fléchir ni s'adoucir. Mais, vaincu et écrasé, peut-être redevient-il un homme, juste le temps d'une larme secrète, au moment où tout finit.* »

CHARLES DE GAULLE

REMERCIEMENTS

Un septuagénaire de belle allure, droit sur sa chaise, impassible et élégant, se détache dans l'ombre. Bernard Tricot me reçoit, à la mi-octobre, dans son petit bureau de l'Institut Charles-de-Gaulle, rue de Solferino. Il est 17 h 30 ; la nuit s'annonce et l'éclairage est mesuré. L'entretien durera à peine un quart d'heure ; pas un sourire ne viendra détendre ce visage sévère, pas une mimique de désapprobation n'en modifiera l'impeccable ordonnance.

L'homme que j'ai devant moi a fait toute sa carrière entre le Conseil d'État et la plus haute administration. Il a été en poste à l'Élysée : comme conseiller technique, de 1959 à 1962 ; comme secrétaire général de la Présidence, de 1967 à 1969. Après le départ du Général, il est retourné au Conseil d'État. Je lui avais écrit pour lui dire que je préparais un livre sur « le Général et la mort » et solliciter un rendez-vous. Il m'avait répondu qu'il acceptait de me recevoir, mais qu'il ne savait « rien » et qu'il n'avait « pas le droit » de parler du sujet qui m'intéressait.

Nullement découragé, j'allai le voir, conscient que notre échange serait bref, encore que l'exercice des

« questions-réponses », je le sais d'expérience, dérive parfois vers une conversation plus spontanée, où d'autres choses sont dites d'une autre manière...

*
* *

Cela fait plusieurs mois que je poursuis une enquête fondée sur des entretiens comme celui que je m'apprête à avoir avec Bernard Tricot, mais aussi sur un minutieux travail de documentation et sur une réflexion permanente. Depuis ce jour de novembre 1970, où, selon le mot de Georges Pompidou, la France est devenue « veuve », de Gaulle m'intéresse comme il a intéressé plusieurs générations de Français : il s'est trouvé au confluent de tant de passions françaises ! À sept ans de l'an 2000, il n'est pas douteux qu'il se classe parmi les plus grands hommes d'État d'un siècle qui meurt dans des convulsions qui ne l'eussent pas surpris.

J'ai choisi un angle particulier pour l'évoquer d'une façon différente : de Gaulle et la mort — sa propre mort, sa méditation sur la mort, sur la mort des autres (proches, amis, ennemis), la nature de sa croyance religieuse —, le de Gaulle des tentations intimes, celle du départ qu'il connut si souvent et à laquelle il céda quelquefois, celle aussi de l'autodestruction, le de Gaulle de « la vieillesse est un naufrage » et celui qui aimait à citer cette phrase de Staline : « Après tout, il n'y a que la mort qui gagne. »

Mon propos est simple : quoi qu'on pense de lui et de sa politique, de Gaulle est un homme qui n'a pas été entièrement décrit de l'intérieur. Il manque à la plupart des études qui lui sont consacrées un éclairage intime ; le « domaine réservé » n'existait pas seulement à l'Élysée. De Gaulle n'aimait pas beaucoup parler de lui, de ses pensées, de ses sentiments. Il n'aimait guère à se confier.

En tout personnage historique subsistent des zones d'ombre. Tout historien, tout biographe digne de ce nom s'assigne comme mission de les dissiper. Pourquoi de Gaulle échapperait-il à la loi commune ? On a beaucoup écrit sur lui : la riche bibliothèque de la rue de Solferino en porte témoignage. On n'a que rarement traité du de Gaulle des profondeurs. Manque d'informations, sans aucun doute ; manque de curiosité, très certainement. L'impiété n'était pas forcément au bout du chemin : « Ce n'est pas toujours le pire que les hommes cachent », remarque quelque part Mauriac — un orfèvre.

Depuis des mois, je me heurte à toutes sortes de difficultés. Comment vaincre les réticences des proches, des anciens collaborateurs ? Comment obtenir d'eux autre chose que des anecdotes banales, des généralités ? « Je suis tout à fait disposé à m'entretenir avec vous à ce sujet, m'a écrit un ancien Premier ministre du Général, même si, à l'avance, j'aperçois mal quelles réponses vous faire... » J'ai estimé superflu d'aller le voir...

À quelles sources se fier ? Également éloignée de l'hagiographie et du pamphlet, mon entreprise ne pouvait guère se nourrir d'ouvrages — les plus nombreux — appartenant à ces deux genres.

Les bonnes volontés ne m'ont pourtant pas fait défaut. La plupart de mes interlocuteurs se montraient étonnés, amusés parfois. Certains m'ont chaleureusement encouragé ; d'autres m'ont reçu par pure courtoisie. Presque tous m'ont apporté une contribution.

Je n'en cessais pas moins de m'interroger : est-ce que cela valait la peine de continuer ? Est-ce que, du magma d'informations recueillies, j'allais pouvoir tirer un ensemble cohérent ? N'avais-je pas présumé de mes ambitions ? Qu'allais-je apporter de nouveau ?

Le 16 octobre 1991, tous ces doutes se sont dissipés.

*
* *

Bernard Tricot m'invite à prendre une chaise. Je lui avais fait parvenir un questionnaire, canevas de notre entretien. Il s'en tient à la liste écrite. Les réponses se succèdent, brèves, catégoriques : « Non... Oui... Non, absolument pas... Oui, sans aucun doute... », entrecoupées de quelques « Je refuse de répondre » (ou, de façon plus percutante encore : « Refus catégorique de répondre »), qui s'accompagnent de fugitifs froncements de sourcils. J'eus plus de chance avec deux ou trois questions, qui me valurent des réponses de plusieurs phrases. Mais, sur l'essentiel, la litanie ne s'interrompit guère.

Soudain, entre deux non-réponses, Bernard Tricot me lance : « Je n'approuve pas votre entreprise ! »

Je ne sais si je dois prendre un air contrit ou préférer la perplexité ; au fond de moi, je suis plutôt amusé, tout en éprouvant un très intense sentiment, quelque chose qui commence par être plutôt confus avant de s'imposer rapidement, à la façon d'une évidence brutale : rien au monde ne pourra me détourner de mon projet que, quoi qu'il arrive, je mènerai à son terme.

Je choisis finalement un air mi-contrit, mi-dégagé : « J'espère, dis-je, que mon livre fera tomber votre prévention.... » Il réplique vivement : « Il ne s'agit pas d'une prévention ! Je n'aime pas votre idée, voilà tout... » Il ne juge pas utile de m'expliquer pour quelles raisons au juste. Je crois comprendre que les questions ayant trait à la santé du Général lui paraissent déplaisantes, malsaines. L'une d'elles me vaut cette réponse :

— Je ne comprends pas que vous puissiez poser une question pareille ! Je ne comprends pas que vous puissiez inviter des gens à y répondre... Décidément, non, je n'aime pas votre projet !

Je garde pour moi une remarque : « Mais alors, pourquoi avoir accepté de me recevoir ? »

La réprobation demeure courtoise, mais ferme. Il se lève, m'accompagne jusqu'à la porte de son bureau. J'aurais bien aimé prolonger l'entretien, lui assurer qu'un respect excessif pouvait se révéler plus meurtrier qu'une curiosité « malsaine », que mon petit livre ne sera pas le dernier et que, demain, d'autres auteurs iront encore plus loin que moi. Bref, qu'on n'en aura jamais fini avec Charles de Gaulle.

Il ne m'en a pas laissé le temps.

Au revoir, monsieur. Au revoir, et merci. Vous m'avez redonné le goût d'aller jusqu'au bout.

*
* *

Je tiens également à remercier pour leur concours, leur appui ou leurs encouragements :

— l'amiral Philippe de Gaulle et le général Alain de Boissieu ;

— MM. Jacques Chaban-Delmas et Pierre Messmer, anciens Premiers ministres ;

— MM. Maurice Druon, Alain Peyrefitte et Maurice Schumann, de l'Académie française ;

— MM. René Brouillet (†), le général Georges Buis, Jean-Marie Domenach, Jean Gaulmier, Jean-Marcel Jeanneney, Pierre Lefranc, le général Jacques Massu, Claude Mauriac, Jean Mauriac, Robert Poujade, Jules Roy et le général Jean Simon, grand chancelier de l'Ordre de la Libération ;

— ainsi que les bibliothécaires de l'Institut Charles-de-Gaulle.

PROLOGUE

« *Voici novembre* »

Un soir de printemps, dans les années vingt, deux jeunes gens remontaient la rue de Condé.

— Je souhaite, dit l'un, offrir un livre à mon père pour sa fête, mais je ne suis pas fixé...

À la hauteur du numéro 26, les vitrines du *Mercure de France* présentaient un large choix de publications. Les deux marcheurs s'arrêtèrent.

— Que me conseillez-vous, Charles ?

— Mon cher Jacques, pas d'hésitation ! Offrez-lui donc celui-ci...

Plusieurs ouvrages d'Émile Verhaeren étaient exposés. Charles désignait un exemplaire des *Soirs*, un des premiers recueils de l'illustre poète, constamment réédité depuis sa tragique disparition, en 1916. Jacques connaissait le goût de Charles, son beau-frère depuis peu, pour les symbolistes : il citait souvent Verhaeren, Samain et Henri de Régnier. Au-dessus de tous les autres, il plaçait un poème des *Soirs*, intitulé *Voici novembre* :

« *Voici novembre assis auprès de l'âtre,*
« *Avec ses maigres doigts chauffés au feu ;*
« *Oh ! tous ces morts là-bas, sans feu ni lieu,*

« *Oh ! tous ces morts cognant les murs opiniâtres*
« *Et repoussés et rejetés*
« *Vers l'inconnu de tous côtés...* »

Jacques Vendroux raconte cette anecdote dans l'un des deux ouvrages qu'il a consacrés à Charles de Gaulle. « Il admirait, ajoute-t-il, la rigueur de Vauvenargues, la grandeur de Vigny, l'esprit de Rivarol. »[1] De Gaulle fut un jeune homme nourri de lectures classiques, de celles qui marquent le plus profondément le caractère ; il possédait au plus haut point l'art de les intégrer à sa pensée et à son action, servi par une mémoire qui, jusqu'au bout, ne connaîtrait guère de défaillances.

*
* *

Quelque trente ans plus tard, Charles de Gaulle achève la rédaction du deuxième tome de ses *Mémoires de Guerre*. Le dernier chapitre, intitulé *Départ*, commence ainsi :

« Voici novembre. Depuis deux mois, la guerre est finie. Les ressorts fléchissent, les grandes actions n'ont plus cours. (...) Si je garde la direction, ce ne peut être qu'à titre transitoire. Mais, à la France et aux Français, je dois encore quelque chose : partir en homme moralement intact. »[2]

Novembre associé au départ — au départ volontaire, dicté par une impérieuse exigence intérieure.

*
* *

Encore quelques années.

Le 2 novembre 1970, Charles et Yvonne de Gaulle se

rendent au cimetière de Colombey-les-deux-Églises ; ils vont se recueillir sur la tombe de leur fille cadette, Anne, morte en 1948 : « C'est là que je veux être enterré », dit le Général. Estimant que la porte du cimetière est trop étroite, il suggère, « avec un peu d'ironie », note l'historiographe officiel Jean Mauriac : « Comme il y aura peut-être quelques visites quand je serai ici, il faudra percer le mur et ouvrir une seconde porte. » Puis, avisant quelques inscriptions funéraires : « On vit vieux à Colombey. Quatre-vingts ans, c'est lourd à porter... » [3]

Il les aura dans vingt jours.

Novembre associé, cette fois, au grand départ. Novembre, source, comme dans la poignante poésie de Verhaeren, d'une émotion sacrée, qu'il importe de maîtriser si l'on ne veut pas la voir se dissoudre en vulgaire tristesse. « Le Jour des Morts est la cime de l'année, assurait Barrès. C'est de ce point que nous embrassons le plus vaste espace. » [4] Barrès écrivait aussi : « Novembre demeure l'instant parfait d'une préparation qui dure toute l'année. » [5]

Toute l'année ou toute la vie ?

Pour Charles de Gaulle, qui naquit en novembre, le mois tant redouté des vieillards est à jamais indissociable de la vie et de la mort. Verhaeren encore :

> « *En novembre, près de l'âtre qui flambe,*
> « *Allume avec des mains d'espoir la lampe*
> « *Qui brûlera, combien de soirs, l'hiver...* »

Novembre, inséparable de l'espérance. Combien de soirs, on ne sait au juste, mais il n'est pas difficile de deviner qu'il en reste à présent bien peu : « Quatre-vingts ans, c'est lourd à porter... » L'heure est passée d'ironiser sur le terme inéluctable. Au début de 1965, quelques mois après l'opération de la prostate, il avait lancé aux journalistes : « Je ne vais pas mal. Mais, rassurez-vous, un jour, je ne manquerai pas de mourir ! » [6] Cinq ans ont passé, cinq années où n'ont pas manqué les orages. L'homme qui médite aujourd'hui sur sa propre mort, devant sa future tombe, sait qu'il va mourir bientôt.

*
* *

Voici déjà longtemps qu'il n'a plus qu'une seule préoccupation : achever ses *Mémoires d'Espoir*. Dans quelques jours, il écrira à sa belle-sœur « Cada » (Mme Jacques Vendroux) : « Faites, s'il vous plaît, des vœux et même des prières pour le grand travail que j'ai entrepris et que je destine moins aux contemporains qu'aux générations futures. » [7]

Les *Mémoires d'Espoir* ont commencé à paraître, mais on dirait que leur auteur n'appartient déjà plus à son temps, sinon à ce monde : « Quant à moi, dégagé du présent univers... », écrivait-il à Georges Galichon, le 2 janvier 1970, et au professeur Jean Lassner, le lendemain : « Totalement détaché du présent... » Au général Gilliot, le 6 janvier : « Détaché du présent... » À son neveu Bernard de Gaulle, le 9 : « Tout à fait détaché du présent... » À Alain Peyrefitte, le 27 : « Tout à fait détaché actuellement de la conjoncture... » Le même jour, à Mme Espenel Maillot : « Complètement détaché de l'actuelle conjoncture... » [8]

Huit mois plus tard, à Gaston Palewski : « Tout à fait détaché du présent... » [9]

Ce détachement quasi obsessionnel s'accompagne d'un autre sentiment, plus radical encore : « Tout est calme, ici. Je poursuis un grand travail », écrit-il à sa sœur, Mme Cailliau, le 6 novembre, et, trois jours plus tard, à Louis Watrigant : « Tout est très calme. Mon grand travail se poursuit. » Le même jour, à son cousin Jules Maillot : « Ici, tout est très calme. » [10]

Dans quelques heures, Charles de Gaulle entrera dans un « calme » éternel.

Le 27 décembre précédent, il écrivait à une filleule, Mme Jean de Roux : « Ici, tout est calme. Je mets à profit cette tranquillité systématique pour travailler activement à mon grand ouvrage, que peut-être Dieu me donnera le temps de terminer. » Le même jour, il parle à

Jacques Foccart de « la grande tranquillité qu'[il] pratique systématiquement » [11]. Ses correspondants s'illusionnent : le Général travaille dans le calme et dans une solitude à peine troublée par quelques visites — il est réconfortant de le voir réagir aussi bien devant l'adversité !

À la même époque, il use, avec deux autres personnes, d'un vocabulaire qui n'autorise pas une interprétation aussi optimiste : « Ma mission nationale est venue à son terme », écrit-il à un homme de Dieu, Mgr Atton, évêque de Langres. Et, au comte de Paris, homme de l'éternité nationale, en qui il avait cru un instant discerner le meilleur dauphin possible : « En ce qui me concerne, le terme est venu. » [12]

Aucune émotion particulière dans ces mots : l'heure n'est plus à l'amertume ou au découragement, mais au constat, et quoi de plus fort, de plus expressif, de plus tragique aussi, que la langue des constats ? De Gaulle pourrait faire sienne cette phrase-constat de l'avant-propos des *Mémoires d'outre-tombe* : « Il est bien temps que je quitte un monde qui me quitte et que je ne regrette pas. »

*
* *

Voici novembre.

Voici un vieil homme qui a vécu plusieurs vies et qui attend, avec une discrète anxiété, « l'anniversaire terrible » dont il parle à sa nièce Geneviève Anthonioz [13] — ce quatre-vingtième anniversaire qu'il ne verra peut-être pas...

> « *Au dehors, voici toujours le ciel couleur de feu,*
> « *Voici les vents, les saints, les morts,*
> « *Et la procession profonde*
> « *Des arbres fous et des branchages tords*
> « *Qui voyagent de l'un à l'autre bout du monde.* »

Cent ans après, les vers d'Émile Verhaeren n'ont rien perdu de leur puissance évocatrice. Les hommes de 89 avaient fait de novembre le mois des brumes ; ils étaient bien inspirés. C'est à travers ce manteau de brume, qui, parfois, ne se dissipe pas de la journée, que l'on perçoit le mieux les grandes routes qui serpentent le long des vallons et des bois. Elles se détachent

> « *... comme des croix*
> « *À l'infini parmi les plaines*
> « *Les grand'routes et puis leurs croix lointaines.* »

Le vieil homme de la Boisserie est littéralement amoureux du paysage qu'il a si poétiquement décrit à la fin des *Mémoires de Guerre* : « vastes, frustes et tristes horizons ; bois, prés, cultures et friches mélancoliques ; relief d'anciennes montagnes très usées et résignées ». Comment, ici, ne pas se souvenir du paysage que l'on découvre, en automne, depuis « la Colline inspirée » de Sion : « une multitude de champs bombés et diversement colorés, des pâturages, des vignobles clairs, des blés dorés, de petits bois, des labours bruns où les raies de la charrue font un grave décor, (...) parfois un cimetière aux tombes blanches sous leurs verts peupliers élancés » [14] ? De la pièce d'angle qui lui sert de bureau, Charles de Gaulle découvre les lointains dans la direction du couchant, « les longues pentes descendant vers la vallée de l'Aube, puis les hauteurs du versant opposé ».

L'automne est la saison du recueillement, prélude au travail souterrain de renaissance propre à l'hiver : dans cette partie de la Champagne, si proche de la Lorraine barrésienne, il est plein de douceur et de majesté : « Sur cet ensemble où il n'est rien que d'éternel, règne un grand ciel voilé. (...) Ce sont de paisibles journées faites pour endormir les plus dures blessures. » [14] La solitude s'y laisse facilement apprivoiser : « Cet horizon où les formes ont peu de diversité nous ramène sur nous-mêmes en nous rattachant à la suite de nos ancêtres. (...) L'horizon qui cerne cette plaine, c'est celui qui cerne toute vie ; il donne une place d'honneur à notre soif d'infini, en même temps qu'il nous rappelle nos limites. » [14] Il n'y a pas de place pour le désespoir chez l'homme qui prend conscience de l'infini en contemplant les bornes de son petit univers.

D'un point élevé de son immense jardin, Charles de Gaulle aime à regarder les étoiles et, ainsi, à se pénétrer de « l'insignifiance des choses ». Il a bien choisi le décor de son dernier exil.

CHAPITRE I

Une mort inattendue

Le 10 novembre 1970, une nouvelle est diffusée dans le monde entier : « Le général de Gaulle est mort. » Elle est inattendue : aucune alerte ne l'avait laissé prévoir. Nombreux sont ceux qui, alors, pensent à un accident, à un assassinat ou même à un suicide.

Un accident ? On savait la vie à la Boisserie calme et sereine. Un assassinat ? Qui aurait eu intérêt à accomplir un tel acte alors que de Gaulle ne jouait plus aucun rôle sur la scène politique ? Un suicide ? L'hypothèse retiendrait plus facilement l'attention : quelle conclusion à une telle vie !

Le secret qui continue d'entourer les derniers instants du Général et les heures qui suivent, avant même que la nouvelle ne soit rendue publique, encourage les spéculations. Toutefois, la cause officielle de la mort ne peut raisonnablement être mise en doute : rupture de l'aorte abdominale due à un anévrisme, c'est-à-dire à « une dilatation ou hernie d'une artère due à une faiblesse de sa paroi ». [1] La rupture d'anévrisme affecte principalement les grosses aortes ; elle a pour effet inéluctable « une hémorragie gravissime, souvent mortelle ». Pour la Faculté, le cas de Charles de Gaulle ne présente aucune originalité : il s'agit bien d'un accident circulatoire classique. Au matin du 10 novembre, le général de Boissieu annonce au général Deguil, chef d'état-major particulier du président Pompidou :

— Il est mort brusquement, sans s'apercevoir de rien.

— Une crise cardiaque ?

— Non... cérébrale... On ne sait pas très bien. [2]

Curieuse incertitude, puisque, si l'on en croit Jean Mauriac, le diagnostic de rupture d'anévrisme avait été immédiatement formulé par le docteur Lacheny, après la mort du Général : « Son visage était, en quelques instants, devenu très pâle, pendant que ses mains blanchissaient. Le médecin, en le palpant, avait senti une poche de sang dans l'abdomen. Le général de Gaulle, selon lui, n'a pas souffert et ne s'est pas vu mourir... » [3]

Sans doute ne s'est-il pas vu mourir, puisqu'il était entré dans le coma quelques minutes plus tôt. Mais comment affirmer avec certitude qu'il n'a pas souffert ? Ses derniers mots prononcés n'ont-ils pas été : « Oh ! j'ai mal, là, dans le dos... » ? [3] Le docteur Lacheny lui fit une injection de morphine « pour soutenir le cœur », dit-il ensuite à Philippe de Gaulle, et celui-ci ajoute : « Ou peut-être pour atténuer la douleur, car il souffrait beaucoup, ça se voyait. » [4] Ce que confirme Charlotte Marchal, la femme de chambre de la Boisserie : « Le docteur (...) a fait une piqûre au Général pour qu'il souffre moins... » [5]

La première décision du médecin devant l'homme étendu sur le matelas du divan de la bibliothèque disposé à même le sol fut de prendre le pouls, qui se révéla extrêmement faible et ne cessa de décroître. Arrivé juste avant le docteur Lacheny, l'abbé Jaugey, curé de Colombey, resta quelques secondes dans le salon, avant d'intervenir à son tour. Il confiera : « J'entendais des gémissements qui étaient des râles. À ce moment seulement, j'ai compris que tout était fini. C'étaient les râles de l'agonie. » [6] Faute de disposer d'un électroencéphalogramme plat d'une durée significative, à quel moment précis peut-on fixer la mort du Général ? La prolongation du pouls et les râles prouvent à l'évidence qu'il n'était pas mort sur le coup ; selon Jean Mauriac, c'est justement la cessation du pouls, à 19 h 25, qui indique le moment de la mort.

C'est exactement l'heure que Philippe de Gaulle, reflétant le point de vue de sa mère, fixe non pour la mort proprement dite mais pour la perte de connaissance. Il est en effet très important pour Mme de Gaulle, catholique pratiquante d'une rigueur légendaire, que le Général ait reçu *vivant*, sinon *conscient*, les derniers sacrements — en l'occurrence une très courte phrase accompagnant un geste rituel : « Par cette sainte onction, que le Seigneur vous pardonne tous les péchés que vous avez commis. Amen. » Philippe de Gaulle affirme : « Ce qui a été certain, c'est qu'il a été conscient pendant vingt-cinq minutes. » Certitude bien difficile à établir ! S'abritant derrière le docteur Lacheny, le fils du Général s'en tient à cette explication « officielle » : « Le médecin a constaté qu'il était entré dans le coma vers 19 h 25 et qu'il est mort quelques minutes plus tard. »[7] Cette fois, aucune heure précise n'est indiquée ; de toute évidence, Philippe de Gaulle confond entrée dans le coma et mort clinique. Il se contredira lui-même en déclarant au *Point* : « Il est mort cinq minutes après avoir reçu l'extrême-onction, à 7 h 25... »[4]

De son côté, le docteur Lacheny a déclaré en 1980, dans le cadre d'une émission sur FR3 consacrée aux derniers instants du général de Gaulle : « Je le trouvai vivant, mais inconscient. Il était livide et en sueur. »[8] La fin ne pouvait qu'être imminente. En effet, quelques instants plus tard, le médecin se tourna vers Mme de Gaulle et, sans parler, lui fit comprendre que tout était fini. Le constat de décès fut aussitôt rédigé. « M. le Curé lui a donné l'extrême-onction avant qu'il n'expire, a raconté Honorine Dematraz, la cuisinière de la Boisserie. Il respirait encore. Il avait les yeux entrouverts, mais il ne parlait plus. »[9] Toujours selon Honorine, Mme de Gaulle pleurait ; elle demanda à son mari s'il souffrait. Mais il ne pouvait plus répondre.

*
* *

Récits et témoignages s'accordent pour souligner le sang-froid d'Yvonne de Gaulle lors de la brève agonie de son mari : « Mme de Gaulle est restée très digne et très maîtresse d'elle-même », note Jean Mauriac ; « un étonnant sang-froid », commente Jacques Chapus. Telle est l'image que « Tante Yvonne » offrait aux Français : une femme de soldat, habituée aux épreuves, ayant toujours suivi son mari sans hésitation, ni murmure. Jamais on ne l'a entendue se plaindre, s'apitoyer sur elle-même ou sur la dureté des temps. Mère de famille exemplaire, grand-mère débonnaire et tendre — une Romaine égarée dans un siècle de Barbares, faisant face avec un stoïcisme qui n'a jamais fléchi.

Lorsque son mari meurt, le 9 novembre 1970, peu avant 19 h 30, elle n'a autour d'elle ni fille, ni fils, ni gendre ; seuls le médecin, le curé et les trois employés de maison sont présents. Immédiatement, elle donne ses instructions : prévenir les enfants, préparer la toilette mortuaire et surtout observer un secret absolu.

Un instant, le bruit courut qu'elle était fatiguée et même malade : « Elle n'est pas bien depuis le matin, chiffonnée, rien de grave... », assure Chapus. On dit que, l'après-midi, elle n'a fait qu'une seule fois le rituel tour du parc de la Boisserie ; la seconde fois, elle est restée à la maison et le Général est parti seul, sous un ciel menaçant, après une averse.

Elle était, en effet, fatiguée et la mise en plis que lui fit alors sa femme de chambre était sans doute destinée à remonter le moral d'une femme qui ne se sentait « pas bien ». Nul ne pouvait cependant savoir qu'elle était, en réalité, très malade : « Le plus souffrant des deux au moment de la mort de mon père, devait confier Philippe de Gaulle, ce n'était pas mon père, mais ma mère, déjà atteinte d'un cancer qu'elle cachait à tout le monde. » [4] Maladie à évolution lente, certes, mais une femme comme

34

Yvonne de Gaulle ne peut se leurrer sur l'issue : elle a beau avoir soixante-dix ans, elle sait bien qu'elle ne mourra pas « de vieillesse », mais des suites d'un mal qui laisse peu de chances de survie. Alors, même si elle n'est « pas bien » ce jour-là, elle fait face, comme elle l'a toujours fait depuis près de cinquante ans qu'elle a uni son destin à celui de Charles de Gaulle : « Surmontant sa douleur, elle donne des ordres d'une voix qui ne tremble pas » (Chapus).

Des ordres très précis : le Général sera transporté dans le salon, « là où a reposé notre petite Anne » ; le curé devra prévenir le général de Boissieu, à Paris, qui, à son tour, préviendra Philippe, à Brest ; et surtout, cette recommandation insistante : « À vous tous, je demande le silence ; ne parlez à personne... » [10] Charlotte Marchal explique : « Madame ne voulait pas que ça se sache tout de suite, car nous aurions été débordés par le téléphone, par tout le monde... » [5]

L'abbé Jaugey propose de veiller la dépouille jusqu'à l'arrivée des Boissieu ; Mme de Gaulle refuse. Il n'y a pas à insister : c'est un ordre. Il se retire, quelques instants après le médecin.

Dans les rues de Colombey, au soir du 9 novembre 1970, il y a un homme doublement tenu au secret : par le devoir de sa charge et par l'exigence de Mme de Gaulle. Un gendarme (ou un inspecteur des Renseignements Généraux) tombe sur l'abbé, qui regagne son presbytère, après un crochet par l'église, où il a prié pour le repos de l'âme de son illustre paroissien : « Rien d'alarmant à la Boisserie, monsieur l'abbé ? » — « Rien d'alarmant, je vous l'assure, rien d'alarmant... » Pieux mensonge — encore que l'étymologie (« Aux armes », cri signalant l'approche de l'ennemi) absolve l'homme de Dieu : l'ennemi — la Mort — est passé, le trouble causé par son approche fait désormais place au chagrin et au deuil.

Il n'y a, c'est un fait, plus rien d'« alarmant » à la Boisserie.

*
* *

Vers 22 heures, dans la nuit brumeuse et froide de Colombey, un grand feu est allumé au milieu du parc de la Boisserie. Il ne s'agit pas d'un incendie — la maison n'est nullement menacée — mais d'un autodafé.

Ce n'était pas la première fois que les gens du village apercevaient du feu dans le parc de la Boisserie, où l'on avait installé un appareil spécial pour brûler des papiers ; mais ce soir-là, ils se demandèrent pourquoi on le faisait fonctionner à une heure aussi tardive : « Il y a eu des histoires là-dessus sur les journaux, dit Honorine Dematraz. En fait, c'est Madame qui a fait brûler les effets que le Général portait quand il est mort. »[9]

La cuisinière indiquait que non seulement les vêtements et les sous-vêtements du Général avaient été brûlés mais aussi le matelas sur lequel on l'avait allongé : « Il avait beaucoup transpiré, précise-t-elle, et ce n'était pas la peine de mettre tout cela à sécher... »

Le feu dura un quart d'heure, selon Jacques Chapus, qui s'aventure à écrire : « Le chauffeur Marroux brûle les papiers... De Gaulle n'avait rien laissé au hasard. »[11] Le journaliste, qui écrit à chaud, ne dispose d'aucune information précise ; l'historiographe, en revanche, a été à la bonne source. Dans son entretien avec Philippe de Gaulle, publié vingt ans plus tard, Jean Mauriac a posé une question sur l'autodafé mystérieux, évoquant l'étonnante possibilité que le lit du Général eût été brûlé. Il a obtenu cette réponse :

— C'est une coutume dans la famille de mon père et de ma mère : il ne doit rester aucune relique. On ne vit pas dans la robe de chambre d'un défunt ni dans ses pantoufles. Tout doit disparaître. Bien entendu, les vêtements en bon état sont nettoyés et donnés à des œuvres de charité[7].

Philippe de Gaulle dément l'incinération du lit et ajoute qu'à sa demande et à celle de son beau-frère — et

36

contre la volonté première de Mme de Gaulle, qui voulait « tout détruire » — deux képis, deux uniformes, un manteau, une canne, une veste de cuir et un casque ont été donnés à l'Ordre de la Libération.

L'épisode intrigue.

La coutume de détruire les effets personnels ou de les donner aux œuvres n'est pas propre aux familles de Gaulle et Vendroux, mais, généralement, elle ne s'étend qu'aux effets que le défunt portait au moment de sa mort. Il n'a jamais été d'usage de faire disparaître l'ensemble de la garde-robe ! Philippe de Gaulle introduit, certes, un correctif ayant trait au double don aux œuvres et à l'Ordre de la Libération, mais il n'évoque pas la question de l'imprégnation du matelas par une abondante transpiration. Comment ne pas éprouver une certaine difficulté à croire que c'est là la seule raison de la destruction de cet objet ? [12]

Cet autodafé fut pour le moins précipité : ne pouvait-on le différer, l'accomplir le lendemain, les jours suivants ou même beaucoup plus tard ?

*
* *

Mme de Gaulle se comporte comme si elle avait depuis longtemps pris son parti de la mort prochaine de son mari, comme si cette mort ne l'avait pas surprise, comme si, en un mot, elle savait le dénouement proche. Et pourtant, l'état de santé du Général ne laissait nullement présager une issue fatale pour un avenir proche. À la veille de son quatre-vingtième anniversaire, Charles de Gaulle est un homme en apparente bonne santé, qui, précise son fils, possède « un bon coup de fourchette », ne suit aucun régime, ne prend aucun médicament, pas même, semble-t-il, pour dormir, qui ne donne, en somme, aucune inquiétude à son entourage : « Il n'aurait pu rêver, assure Philippe de Gaulle, meilleur état pour son âge. » [4]

Au début de l'année 1970, le journaliste André Passeron avait consacré dans *Le Monde* un article à la retraite de l'ancien chef de l'État : « En demeurant à Colombey, avait-il expliqué, le Général a retrouvé une *forme* physique qui, au cours des dernières années, lui faisait parfois défaut à l'Élysée. (...) Tous ses hôtes et surtout les plus récents ont trouvé le Général dans une excellente forme physique. » [13]

C'était en particulier le cas de Jean-Marcel Jeanneney, ancien ministre des Affaires sociales, qui s'était rendu à Colombey en décembre 1969 : « Je l'avais trouvé en bonne forme physique et intellectuelle », se souvient-il aujourd'hui [14]. Un autre fidèle, le général Massu, qui, lui aussi, ne s'attendait pas à une mort aussi rapide, souligne cependant : « Il ne faisait rien pour l'éviter, il n'était pas physiquement entretenu. » [15] Depuis son départ de l'Élysée, de Gaulle n'avait aucun médecin attitré. Le médecin traitant de la Boisserie, installé à Bar-sur-Aube, à quinze kilomètres de Colombey, était un ancien de la guerre d'Algérie qui, si l'on en croit Chapus, n'était « pas très gaulliste ». C'est lui qui fut appelé et il ne fut à aucun moment question de faire venir un autre praticien.

« Bien sûr, dit aujourd'hui le général de Boissieu, nous savions que Charles de Gaulle était atteint d'un anévrisme de l'aorte, depuis les examens qui avaient été faits au moment de l'opération de la prostate. Bien suivi par un cardiologue, comme il l'était à l'Élysée, le Général pouvait vivre *encore des années*. Malheureusement, depuis son retour à la Boisserie, en 69, *il n'avait vu aucun médecin*, ce qui était prendre un grand risque... » [16]

Mme de Gaulle avait bien, un jour, imaginé d'inviter à déjeuner à la Boisserie le docteur Parlier, le médecin attitré du Général du temps où il résidait à l'Élysée, à charge pour lui de proposer, incidemment, à son ancien patient un « banal » examen de routine. De Gaulle avait vite flairé le stratagème et, inversant les rôles avec malice, il ne cessa, durant tout le repas, d'interroger le malheureux sur... sa propre santé : « Parlier, assure Pierre Messmer, en fut complètement déstabilisé ! » [17]

Philippe de Gaulle, si l'on en croit Jean Mauriac, vit son père pour la dernière fois à la fin du mois de septembre 1970 — affirmation contredite par l'intéressé, qui assure l'avoir vu « huit jours avant sa mort » [4]. Le général de Boissieu fait aujourd'hui état d'une promenade « de près de deux heures » effectuée avec son beau-père, le 4 novembre. Peu importent ces imprécisions, les témoignages concordent sur le fond : « Il était en très bonne forme », dit le fils, qui ajoute : « À un moment donné, nous ayant dépassés, il s'était retourné pour nous demander s'il n'allait pas trop vite pour notre allure. Aucun signe physique sur sa personne n'aurait pu nous inquiéter. » Le gendre confirme : « Il marchait avec beaucoup d'énergie... et de satisfaction de me montrer qu'il était en bonne santé. » [16]

C'est à peine si, quelques jours plus tôt, Philippe de Gaulle avait, au téléphone, trouvé la voix de son père « un peu altérée, un peu fatiguée » ; il avait mis cette faiblesse sur le compte d'une grippe. En réalité, depuis quelque temps, un « signe physique » attirait l'attention du fils : le Général avait « les chevilles un peu enflées », ce qui pouvait trahir une mauvaise circulation, désagrément habituel des personnes âgées. « On sent bien qu'à cet âge, dira Philippe de Gaulle, des maux circulatoires ou cardiaques ne sont pas exclus. » [7] On vit très bien avec ces maux inhérents à la vieillesse, pourvu toutefois que l'on ralentisse ses activités et que l'on observe un certain régime alimentaire. Charles de Gaulle ne s'était jamais préoccupé de son taux de cholestérol et il semble que sa femme ne lui faisait aucune remarque particulière à ce sujet : « Si elle l'avait fait, dit Philippe de Gaulle, elle se serait fait refouler, comme on dit vulgairement. »

On veut bien le croire...

Il n'empêche : comme toute épouse à la veille de célébrer ses noces d'or (avril 1971), Yvonne de Gaulle exerçait une discrète surveillance sur l'homme dont elle avait partagé la vie. Mais, à personne, pas même à ses deux enfants, elle ne faisait confidence de ses éventuelles inquiétudes. On ne sait pas ce qu'elle a pensé en le voyant, comme tous les assistants, un peu las lors de la messe de la veille, dimanche 8 novembre. « Je l'avais trouvé très pâle, les traits tirés, le cou blanc, déclare Honorine Dematraz. Comme il faisait mauvais temps, j'ai mis cela sur le compte du temps. » Philippe de Gaulle ne nie pas cette fatigue, mais il en donne une autre explication : « Peut-être aussi trouvait-il que l'office durait un peu trop longtemps à son goût. » Depuis l'autel, le curé lui-même l'avait trouvé « très pâle » [18].

L'hypothèse d'une alerte « tenue secrète pour ne pas inquiéter la famille » a été avancée par André Malraux, après sa journée à la Boisserie, le 11 décembre 1969. Philippe de Gaulle assure : « Je ne l'ai jamais entendu dire qu'il avait eu la moindre alerte, ni à ce moment-là ni à un autre moment. » [4] Si alerte il y eut, elle ne fut pas spectaculaire ; dans ces conditions, comment en établir la réalité ?

L'homme qui, au soir du 9 novembre 1970, s'installe à une petite table de son salon pour faire une réussite en attendant le dîner est en bonne santé apparente. Rien de sérieux n'indique qu'il va s'écrouler tout à l'heure dans son fauteuil.

Pourquoi ne vivrait-il pas, comme son père, jusqu'à quatre-vingt-trois ans ? [19]

*
* *

Bonne santé physique, soit. Il en va tout autrement de la santé morale. Lorsque Mme de Gaulle acquit la certitude que son mari était mort, elle dit simplement au docteur Lacheny : « Il a tant souffert depuis deux ans ! » [20] Elle réitéra la même confidence à l'abbé Jaugey, qui lui avait demandé si le Général était « souffrant ». Elle répondit par la négative « avec force », note Jean Mauriac, mais, selon le prêtre, fit de nouveau allusion à la « souffrance morale » du Général.

Même si Philippe de Gaulle n'est pas sûr que sa mère ait bien prononcé la petite phrase adressée au docteur Lacheny, il répond à Jean Mauriac, qui lui demande si l'échec du référendum d'avril 1969 a pu hâter la fin de son père :

— Oui, c'est une chose possible. Je pense qu'il a tout de même ressenti une contrariété profonde et qu'il aurait aimé faire sa sortie autrement. La perte de sa raison d'être vis-à-vis de ses contemporains a pu, en effet, avoir une influence. [7]

Philippe de Gaulle précise par ailleurs :

— Il est certain que, moralement, cela ne lui a pas été indifférent, mais il ne s'est pas laissé aller. (...) C'est dur, comme disent les braves gens, de constater, après tout ce que l'on a fait, que l'on en a *assez* de vous. [4]

C'est un fait : le peuple français était « lassé » du général de Gaulle et cet état de fait, né d'une sortie qui n'avait pas été choisie, comme celle de 1946, était, on en convient, très dur à vivre. À ses proches collaborateurs, il lui arrive encore de parler de cette « légitimité qu'il incarne depuis 1940 » et qu'il continuera d'incarner jusqu'à sa mort. Tous ont l'impression qu'il est bâti pour vivre « des années ».

Au printemps 1969, il évoquait devant son aide de camp les 47 à 48 % de « voix gaullistes irréductibles » qui seraient le meilleur ciment du gouvernement de demain : « Il est possible, confie-t-il à François Flohic, que l'on se prête à des manœuvres et que l'on reconstitue, avec un Pompidou quelconque, la IVe République sans le dire. (...) Pour l'instant, je ne verrai personne, je ne dirai rien... » [21]

Pour l'instant, mais plus tard ?

Chez les irréductibles, il n'est pas rare d'entendre que, si vraiment les choses allaient mal, de Gaulle, après tout, pourrait « sauver la France une troisième fois » [22]. Il aura quatre-vingts ans en novembre 1970 — et après ? Antoine Pinay, d'un an son cadet, est toujours là, lui aussi [23], et il a toujours ses partisans. Anciens présidents de la République, Poincaré et Doumergue ne sont-ils pas revenus d'une retraite que l'on disait définitive ? Le maréchal Pétain n'a-t-il pas accédé au pouvoir à quatre-vingt-quatre ans ? Churchill n'avait-il pas soixante-dix-huit ans lorsqu'il est redevenu Premier ministre, en 1951 ? Adenauer ne s'est-il pas maintenu à la chancellerie ouest-allemande jusqu'à quatre-vingt-sept ans ?

Rien n'autorise à dire que de Gaulle ait pu sérieusement songer à un quelconque « retour » : « Il n'a jamais eu l'espoir d'être rappelé au pouvoir », assure Pierre Messmer [17]. Georges Buis avance, de son côté : « Il comptait bien non pas revenir aux affaires, mais peser sur elles. » [24] Tant que le Général est en vie, il est permis de rêver...

*
* *

Le premier visiteur reçu à la Boisserie, dès le 28 avril 1969, avait été Jacques Vendroux. Le beau-frère du Général venait de démissionner de la présidence de la commission des Affaires étrangères de l'Assemblée nationale.

« Le grand chagrin n'apparaissait pas, racontera-t-il. C'était plutôt le Général qui réconfortait les autres. Calme, serein, d'une noblesse indicible, il cachait sa blessure, une blessure dont il ne se sera jamais remis. » [25]

Derrière le masque, l'homme blessé apparaît tel qu'en lui-même : « Je ne veux plus avoir affaire avec tout ce qui est officiel, dit-il. Je n'ai plus rien à faire avec eux. Ils me sont étrangers. » [26]

« Eux » : ils ne méritent même plus la vieille apostrophe de « veaux », rude certes, mais moins insultante que goguenarde, et où, en fin de compte, il entrait autant d'irritation que d'affection bourrue. Les Français ne sont même plus des « veaux » ; ils n'ont plus droit qu'à une appellation déshumanisée qui les prive de leur identité collective. « Eux » : un peuple de fantoches, de zombies... Ils ont osé ! Vingt ans plus tard, Philippe de Gaulle s'efforce de nuancer la sévérité paternelle :

— Il les avait conduits et eux l'avaient subi, et réciproquement, pendant plus de dix ans. Il y avait un siècle et demi que les Français n'avaient pas gardé un dirigeant aussi longtemps ! [27] Ils étaient fatigués. (...) Les Français étaient donc fatigués et désiraient faire une pause, digérer leurs acquis, qui avaient été considérables avec lui. [4]

Cette sérénité n'était guère de mise au lendemain de leur insultante réponse au référendum (plus de 53 % de « Non » en métropole). En présence de son aide de camp, de Gaulle dissimule sa blessure sous le sarcasme et l'ironie :

— Au fond, dit-il à François Flohic, je ne suis pas mécontent que cela se termine ainsi, car quelles perspectives avais-je devant moi ? Des difficultés qui ne pouvaient que réduire le personnage que l'Histoire a fait de moi et m'user sans bénéfice pour la France. [21]

Il expliquera à Michel Droit au printemps 1970 : « Si j'avais gagné ric-rac, c'est-à-dire avec 51 ou 52 % des voix, cela aurait été pire que tout. Car j'aurais été forcé de rester sans rien pouvoir accomplir vraiment... » C'est alors qu'il avait eu cette trouvaille : « D'ailleurs, comme vous le savez, je ne serais de toute façon pas allé au bout de mon mandat. (...) Je serais donc probablement parti en novembre prochain pour mes quatre-vingts ans. » [28]

L'argument avait été parfois utilisé pendant la campagne pour convaincre des gaullistes trop tièdes d'accorder, malgré tout, leur suffrage au Général ; notons au passage que l'adverbe « probablement » ne permet pas de présenter cette éventualité comme une certitude... Le propos est, de toute façon, contradictoire avec le communiqué ayant répliqué à l'annonce faite par Georges Pompidou à Rome le 17 janvier 1969 de son éventuelle candidature à l'Élysée : le Général avait alors affirmé qu'il remplirait son mandat « jusqu'à son terme » (décembre 1972).

La « sortie » imposée par le suffrage universel devient, *a posteriori*, une sortie à laquelle on consent, non en se résignant à l'injuste verdict des urnes, mais en invoquant la médiocrité des perspectives offertes par un succès relatif. L'ambassadeur Pierre-Louis Blanc, associé à la rédaction des *Mémoires d'Espoir*, fut l'un des rares visiteurs réguliers de la Boisserie à partir du printemps 1969. Il a expliqué comment de Gaulle devint rapidement « prisonnier d'une situation qu'il avait lui-même choisie » : « Nulle rancœur, pas d'amertume. Une immense tristesse douloureuse jusqu'à la fin, mais muette. » [29] « À Colombey, il n'était pas malheureux, plutôt triste », dit Pierre Messmer, invité à la Boisserie en juillet 1969. [17]

En juillet 1969, le solitaire de la Boisserie répète à Pierre-Louis Blanc ce qu'il avait confié à François Flohic dès le premier jour de son exil : « Tout ce qui se passe maintenant n'a plus rien à voir avec ce que j'ai voulu. Il s'agit d'autre chose. Je n'interviendrai plus. Je ne suis plus (...) concerné. » Même discours tenu à Michel Droit au printemps suivant : « Si vous en avez l'occasion, ne manquez surtout jamais de préciser que je n'ai plus rien à voir avec tout ce qui se passe actuellement. »

*
* *

Prisonnier, de Gaulle va jusqu'au bout demeurer solitaire. En dehors de la famille, de quelques amis personnels, des collaborateurs du secrétariat parisien, de Marcel Jullian, l'éditeur des nouveaux *Mémoires*, les visiteurs ne se bousculent pas. Seul face à l'Histoire, qu'il faut maintenant écrire, après l'avoir faite, pour l'édification des jeunes générations ; seul face à lui-même, c'est-à-dire face à sa propre mort. En 1924, dans un petit carnet personnel, il avait noté la devise de la ville de Verdun : « *Virtus vivescit vulnere* » (« Le courage s'épanouit dans la douleur ») et cette citation d'Émile Faguet, l'un des innombrables auteurs familiers de sa jeunesse studieuse : « Le sentiment de solitude, qui est la misère et la fierté des hommes supérieurs. » [30]

Courage, douleur, solitude, misère, fierté : ces mots appartiennent bien au vocabulaire de ces « hommes supérieurs » au nombre desquels il se range tout naturellement et qui n'ont pas pour habitude de se laisser longtemps aller. Et pourtant, comme le fait remarquer Robert Poujade, « quel homme fut assez exceptionnel pour être à l'abri du découragement ? » [31] Certainement pas de Gaulle, reconnaît Maurice Schumann, qui ajoute : « Mais il se ressaisissait vite et je dirais même que le ressaisissement était déjà perceptible à travers le découragement. » [32] Maurice Schumann se souvient qu'il était allé voir le Général en février 1958 et qu'il avait trouvé un homme très pessimiste sur ses chances de « retour » : « Je ne reviendrai jamais », disait-il alors, enchaînant aussitôt : « Mais, si je revenais, voici ce que je dirais... voici ce que je ferais... » Et il avait exposé à son interlocuteur ébahi les grandes lignes de sa future politique algérienne.

« De Gaulle, confirme Pierre Lefranc, était un homme sismique, prompt au découragement mais aussi prompt à repartir à l'assaut. » [33]

Le découragement né de l'échec du référendum de 1969 et de la mise au rancart, qu'il savait définitive, du dernier « grand dessein » (la participation) se transforme, au fil des mois, en une « amère sérénité », selon le mot d'un proche rapporté par un journaliste du *Figaro* [34], puis en une sorte d'apaisement. « Visiblement, il est heureux », assure un autre journaliste au printemps 1970 : « Le grand chagrin du référendum est oublié. (...) Sa tâche, maintenant, n'est plus que celle d'un écrivain. » [35]

N'avait-il pas un jour assuré à Churchill que le désespoir était « un redoutable conseiller » ? [36]

« Heureux » : le mot revient dans un autre article de Denis Périer-Daville, de la même époque : « Comme

Washington à Mount Vernon, le Général a repris contact avec la nature et la vie familiale. Et, de l'avis de tous ses proches, s'en trouve heureux. »[37] De Gaulle lui-même, au début de 1970, avait écrit à un ancien condisciple du collège d'Antoing, où il avait passé sa dix-septième année : « Je me trouve très bien à tous égards de mon existence à Colombey. »[38]

Heureux, c'est peut-être beaucoup dire. Témoin lucide des dix-huit derniers mois, Pierre-Louis Blanc explique que la souffrance morale, bien réelle, du Général était à chaque instant visible et qu'il était impossible de la ramener à la nostalgie du pouvoir, à l'inaction ou à l'approche de la mort, qui ne lui inspirait aucun effroi : « Son tourment était d'ordre sentimental, conclut l'ancien collaborateur. Entre lui et la France, une rupture s'était produite. Ce qui n'était jamais arrivé dans le passé. »[39]

Le mémorialiste ajoute qu'il n'a jamais noté chez le Général la moindre amertume, « le moindre accès d'humeur ou d'acrimonie ». Au contraire, il montrait une sérénité qui ne supprimait pas la souffrance mais aidait à la supporter.

Jules Roy n'hésite pourtant pas à qualifier de « blague » l'idée d'une retraite « heureuse » et « sereine » à Colombey : « Le Général n'était pas homme à se contenter de cette vie-là. Il était inconcevable que ses pensées ne l'emmènent pas très loin de ce décor triste et borné. »[40]

Sans doute, mais pour un homme comme lui, la souffrance a toujours été quelque chose qui doit et qui peut être maîtrisée. On aurait du mal à imaginer un de Gaulle qui ne fût pas pénétré de l'évidence des idées stoïciennes et tout ce que l'on sait de sa formation intellectuelle va dans le même sens : familier des auteurs anciens, il multiplie les citations des tragiques grecs et des philosophes gréco-latins. « De toutes les morales possibles, remarque Pierre-Louis Blanc, il avait choisi — ou elle s'était imposée à lui — la plus sévère et la plus austère. Un alliage de stoïcisme et de jansénisme, durci au brasier de bien des drames. »[41] Il n'éprouvera aucune difficulté à choisir l'ascèse de l'écriture, forme d'action qui est devenue le but principal de sa vie dans les deux dernières années. L'écriture comme refuge, qui engendre l'isolement, et aussi comme thérapeutique, condition impérative du salut, sinon d'une «guérison», rien moins qu'acquise. Aux rares proches, l'exilé de Colombey explique qu'il ne vit plus, désormais, que pour expliquer ce qu'il a fait. Son activité littéraire n'est plus seulement un moyen d'atténuer le chagrin né de l'échec d'avril : elle devient une activité principale, occupant l'essentiel de son temps et justifiant les années qui lui restent à vivre. L'écriture — le «havre de l'écriture», dit Pierre-Louis Blanc — n'est pas seulement destinée à évoquer le passé, comme dans les *Mémoires ordinaires*, elle est un véritable prolongement de son action. «Il avait, explique Pierre Messmer, le goût de la solitude, de la réflexion et de l'écriture, mais le goût de l'action ne l'avait jamais abandonné.» [17] L'écrivain Charles de Gaulle demeure d'abord un homme d'action.

Même lorsqu'il donne l'impression de céder au découragement, les proches se rassurent : une «bonne forme» physique, une «douleur» surmontée et la grande entreprise des *Mémoires d'Espoir*, qui ne fait que commencer (le premier volume est paru au début d'octobre 1970, deux autres volumes sont prévus). «Pour exécuter de grandes choses, notait Vauvenargues, l'un de ses auteurs de chevet [42], il faut vivre comme si on ne devait jamais mourir.»

CHAPITRE II

« *La vieillesse est un naufrage* »

La petite phrase a fait le tour du monde, car elle énonce une loi aussi vieille que la condition humaine et qui ne supporte guère d'exception : « La vieillesse est un naufrage. » L'interminable agonie de trois anciens chefs d'État, Truman, Salazar, Franco, victimes de l'acharnement thérapeutique, la mort d'un Tito ou d'un Mao, dirigeants en exercice trop âgés et malades, la survie problématique de Deng Xiaoping, la déposition pour sénilité de Habib Bourguiba en constituent de récentes et spectaculaires confirmations.

Elle se trouve, si l'on en croit Henri Guillemin [1], dans Chateaubriand ; Charles de Gaulle se l'est appropriée et l'usage constant qu'il en a fait a légitimé cette appropriation.

« La vieillesse est un naufrage » : cette petite phrase qu'il aura si souvent appliquée aux autres, à tous les grands qu'il aura fréquentés, à commencer par le maréchal Pétain, il ne manquera pas, très loyalement, de se l'appliquer à lui-même et, durant ses dix dernières années, elle ne cessera de retentir comme un glas annonciateur. Si jamais de Gaulle fut la proie d'une hantise, c'est moins de celle de la mort que de celle de ce naufrage

51

inéluctable, auquel seule une mort prématurée lui eût permis d'échapper. Raymond Tournoux rapporte ces propos tenus à Londres aux compagnons de la première heure : « C'est triste et tragique ! La vieillesse est un naufrage et, avec l'âge, les défauts deviennent monstrueux. Pauvre vieux maréchal ! (...) Il a quatre-vingt-quatre ans ! Que n'est-il parti à temps ! Hélas ! À son âge, on ne part plus. On s'accroche. L'ambition sénile l'a saisi. (...) C'est maintenant un vieillard dominé par l'égoïsme et livré à la ruse. (...) Il est flatté qu'on soit allé le tirer de sa retraite pour le remettre en selle. C'est humain... » [2]

Trente ans plus tard, le discours n'a pas changé : « Voyez-vous, Flohic, la vieillesse est un naufrage ! » [3]

De Londres à Colombey, la petite phrase l'a poursuivi ; il ne cesse de se référer à la décrépitude du maréchal et aux effets tragiques qu'elle eut sur le destin de la France.

Sa théorie est que le vrai Philippe Pétain, l'homme qu'il a aimé, profondément admiré et loyalement servi, dont il fut l'ami et le collaborateur, est mort en... 1925 (il n'avait alors que soixante-neuf ans !), lorsqu'il accepta l'infamante mission d'aller annoncer à Lyautey qu'il était limogé du Maroc. « Pétain est mort pour moi à cette occasion, explique-t-il, le malheur est qu'il n'en ait rien su lui-même. » [3]

Cette ignorance et les malheurs de la patrie permirent au maréchal de ressusciter en 1940. Mais il avait quatre-vingt-quatre ans et, avant que ses facultés ne déclinent de manière significative, il s'était enfermé dans une citadelle intérieure, avec ses souvenirs et ses illusions. Les années et les épreuves du pouvoir aidant, il avait commencé par mélanger les dates et les événements, par perdre la mémoire et, pour finir, la volonté et le caractère. Quatre ans plus tard, c'était un vieillard absent que les Allemands avaient emmené avec eux.

Qui, durant toute cette tragique histoire de Vichy, avait osé révéler au maréchal qu'il n'était plus capable d'assurer la direction des affaires ? Personne, pas même Pierre Laval, qui avait pourtant fini par lui retirer la totalité de ses pouvoirs. Et Philippe Pétain était mort une deuxième fois — qui n'était pas la dernière...

Du moins avait-il conservé longtemps son aspect physique. On ne pouvait en dire autant du vieux général Pershing. L'ancien chef du corps expéditionnaire américain en Europe, en 1917-1918, avait demandé au chef de la France Libre venu lui rendre visite à l'hôpital Walter Reed de Washington, en juillet 1944 : « Et comment va le maréchal Pétain ? » — « Ma foi, avait répondu de Gaulle sans se formaliser, voilà bien longtemps que je ne l'ai vu... » [4] Pershing était mort complètement gâteux quatre ans plus tard, à quatre-vingt-huit ans.

Plus récemment, en 1965, année où plusieurs vieillards illustres étaient morts à un âge très avancé [5], de Gaulle avait vu disparaître deux de ses anciens compagnons : l'amiral Muselier, mort à Toulon à quatre-vingt-trois ans, au terme d'une poignante dégradation physique et mentale, et surtout Winston Churchill, disparu à quatre-vingt-dix ans. Mais, contrairement à Pétain, qui avait jusqu'au bout conservé une belle apparence, Churchill avait connu un véritable naufrage. « Pendant plusieurs années, rappelle Jean d'Escrienne, il avait donné le spectacle navrant d'une totale déchéance physique, tandis que l'esprit semblait déjà plongé dans un demi-sommeil inconscient. » [6]

Il avait abandonné le pouvoir en 1955, à plus de quatre-vingts ans. Après avoir subi plusieurs attaques, il était mort des suites d'une thrombose cérébrale, en janvier 1965. De Gaulle l'avait revu à Paris, en novembre 1958 ; il lui avait remis, à l'Hôtel Matignon, la croix de la Libération. Churchill avait déjà une démarche incertaine et les idées embrouillées.

« Il parlait plus lentement encore qu'il ne marchait, se souvient Pierre Lefranc, et nous souffrions tous du silence qui, entre chaque mot d'un français fantaisiste, s'abattait sur les convives. » [7]

La conversation s'était traînée, erratique : « Pétain... un malheur ! » avait balbutié le visiteur, un peu égaré, avant d'évoquer le débarquement de juin 1944 : « Il y avait du vent, beaucoup... Soldats magnifiques... » De Gaulle l'avait raccompagné jusqu'à la Rolls-Royce de l'ambassade britannique. Regagnant son bureau, il dit à Pierre Lefranc : « Quelle tristesse ! » [8]

*
* *

La mort, il l'acceptait d'un cœur léger si elle lui épargnait le naufrage. Au lendemain de l'attentat du Petit-Clamart, il confiera à Pierre Lefranc : « Bah ! C'eût été une belle mort. Il vaut mieux mourir comme cela qu'aux cabinets ! » Et, comme son collaborateur, ému et interloqué, s'enquérait : « Mais que serait devenue la France ? », il reconnut : « Ça, c'est une autre histoire. » [9]

Pratiquant en virtuose le délicat exercice qui consiste à prêcher le faux pour essayer d'avoir le vrai (« Ne tenons pas des boutades pour des confidences », recommandait Malraux), il s'y entendait pour amener l'interlocuteur à lui tenir des propos qu'il désirait entendre : « Je me suis fait piéger plusieurs fois depuis 1940 », avoue Pierre Messmer [10]. Il est loin d'être le seul. « Napoléon, avait un jour observé de Gaulle, a commencé à décliner lorsqu'il a cessé de dérouter. »

Cette duplicité n'était pas exclusive d'une relative sincérité lorsqu'il envisageait « le cortège des infirmités physiques ou intellectuelles qui accompagnait souvent le poids des ans » [11].

Les proches, qui connaissaient son tourment intime, savaient qu'il s'observait sans arrêt, que son véritable problème n'était pas la peur de la mort mais l'inquiétude devant les effets de la vieillesse sur les facultés intellectuelles. « Il est trop lucide, assure Pierre-Louis Blanc, pour ne pas savoir que le vieillissement intellectuel consiste précisément à ne plus se rendre compte du fléchissement de son propre jugement. » [12]

L'âge commence par ternir l'éclat de la jeunesse. Dans son petit carnet personnel de 1924, Charles de Gaulle, auteur d'un premier livre remarqué (*La Discorde chez l'ennemi*), breveté de l'état-major, officier promis à une carrière brillante, a recopié ces quatre vers d'Anna de Noailles :

« *Pourtant, un jour, de moi, tu t'en iras, jeunesse,*
« *Tu t'en iras, portant l'amour entre tes bras,*
« *Je souffrirai, je pleurerai, tu t'en iras...*
« *Jusqu'à ce que plus rien de toi ne m'apparaisse...* » [13]

Vingt-cinq ans plus tard, à l'approche de la soixantaine, c'est la perte de la mémoire qu'il redoute le plus : « Dans tout ce qui est oubli sur la terre, il y a un peu de la mort », confie-t-il à Pierre-Henry Rix, préfet de l'Aube en 1947-1948 et familier de la Boisserie [14]. Il ne connaissait pas mais il aurait pu faire sienne cette phrase du *Journal* (inédit) de Henri de Régnier : « Je me sens vieillir veut dire : je me sens mourir. » Ses discours et ses conférences de presse, qu'il apprenait par cœur, lui fournissaient de probantes occasions de vérifier l'état de sa mémoire : « Il guettait sa première défaillance », note Jean Mauriac. L'idée que ses facultés intellectuelles puissent diminuer à son insu lui faisait horreur et, probablement, l'épouvantait. « Je suis persuadé, affirme Pierre Lefranc, qu'à la première défaillance grave de sa mémoire, au premier oubli important, aurait sonné pour lui le signal d'alarme et que son départ volontaire n'aurait plus été qu'une question de jours. » [15]

Des défaillances, il en avait connu dès le début du premier septennat, mais s'agissait-il de « défaillances graves » ou de ce que les gérontologues nomment « oublis bénins de la sénescence », phénomène courant ? Les troubles ne deviennent réellement inquiétants que lorsqu'ils affectent la vie quotidienne : « Le plus souvent, explique le professeur Christian Derouesné, spécialiste de la maladie d'Alzheimer, ce n'est pas le malade qui se plaint, mais l'entourage qui s'inquiète... » [16] Les premiers signes probants sont la répétition des mêmes questions et l'oubli quasi total du passé récent — syndrome qui ne s'applique, manifestement, pas plus au général de Gaulle qu'aux sujets âgés de plus de cinquante ans (un sur deux, toujours selon le professeur Derouesné) qui se plaignent d'une diminution de leurs « capacités mnésiques ».

Dans un toast au souverain afghan Zaher Shah, le Général confondit un jour Afghanistan et Pakistan. Ensuite, il confia à Pierre Messmer : « Véritablement, ce n'est pas possible de dire une bêtise * pareille ! » — « Ce n'est qu'un lapsus », suggéra Messmer. De Gaulle n'était pas de cet avis : il s'agissait bel et bien, selon lui, d'un signe caractéristique de « décadence intellectuelle » [17]. Bien d'autres « perles » furent abondamment exploitées par la presse : aucune à vrai dire ne pouvait légitimer des inquiétudes durables. La plupart d'entre elles trouvaient leur origine dans la diminution des capacités *physiques*. En juillet 1960, recevant à l'Élysée le président du Congo-Brazzaville, il avait donné du « Madame » au pittoresque abbé Fulbert Youlou, dont les soutanes colorées ne passaient pas inaperçues. « Ma vue baisse », constatait-il. Et pourtant il s'obstinait à ne pas porter de lunettes en public : « Je ne veux pas offrir l'image du déclin physique », expliquait-il. [18]

Tout au long de sa présidence, il dut faire face à de grandes fatigues, principalement pendant les voyages officiels [19], et il montra une exceptionnelle aptitude à y résister. En septembre 1966, il s'était rendu à la base atomique de Mururoa, après un éprouvant périple en Afrique de l'Est, au Cambodge, en Nouvelle-Calédonie et à Tahiti. Il était alors à peine remis d'un voyage en URSS, au printemps, non moins pénible.

— Il souffrait, il était de mauvaise humeur, se souvient Pierre Messmer. Comble de malchance : le tir de la bombe dut être retardé de vingt-quatre heures ; il fallut attendre à bord du *De Grasse*. Après le tir, nous arri-

---

* Il est évidemment difficile d'imaginer que de Gaulle ait recouru à ce terme et non à son équivalent populaire. Mais c'est le terme cité par l'ancien premier ministre...

vâmes à la base de Hao en hélicoptère. La mauvaise humeur du Général avait empiré. Il traita le colonel commandant la base comme un chien. Je lui fis remarquer qu'il s'était montré trop dur. Il admit alors qu'il était *un peu fatigué.* [17]

S'étant rendu à Washington le 30 mars 1969, pour les obsèques de l'ancien président Eisenhower, il ne dormit pratiquement pas du dimanche matin 30 mars au mardi soir 1er avril — et cela sans qu'aucun fléchissement soit perceptible chez un homme de soixante-dix-huit ans passés. En temps plus ordinaire, par exemple lors des réceptions officielles à l'Élysée, il restait debout des heures pour accueillir les invités et ensuite s'entretenir avec eux dans les salons ou dans le parc — et chacun pouvait constater que cet effort n'altérait pas sa fraîcheur. Selon François Flohic, il s'infligeait ces épreuves comme autant de « tests » lui permettant de s'assurer de son bon état physique.

Pour ses proches, cette résistance souvent spectaculaire à la fatigue demeurait une énigme — à tout le moins un constant sujet d'admiration. Olivier Guichard, qui l'accompagna durant la plupart des éprouvants périples outre-mer de la « traversée du désert », décrit un de Gaulle « indifférent aux intempéries comme à la fatigue ». Il semblait, s'émerveille-t-il, qu'il n'eût pas besoin de repos et les proches se demandaient s'il lui arrivait de dormir. Un matin, dans le DC4 qui survolait l'océan Indien, où tout le monde dormait ou somnolait, Guichard vit le Général traverser les rangées de fauteuils ; mal réveillé, il lui demanda s'il avait pu dormir un peu. De Gaulle répondit qu'il ne dormait jamais en avion : « Je crois qu'il exagérait un peu », conclut Guichard. [20]

L'aide de camp qui l'accompagna durant les onze dernières années propose une double explication : d'abord, Charles de Gaulle possédait une nature robuste, qu'il entretenait principalement par la pratique de la marche à pied dans les forêts proches de Colombey ; mais surtout « la puissance physique allait de pair avec la puissance

57

intellectuelle ». François Flohic n'hésite pas à voir dans le Général « une formidable machine » qui reprenait force au contact de la Boisserie, tel Antée, rejeton mythique de Gaia et farouche gardien de son domaine libyen, recouvrant toute sa puissance au contact de la terre.

Au de Gaulle « sismique » de Pierre Lefranc se superposait, en somme, un de Gaulle « cosmique » selon François Flohic.

*
* *

À partir de quand les proches ont-ils été en mesure d'observer le « naufrage » du Général ? Tout le monde n'a pas la spontanéité d'un Philippe de Gaulle évoquant « les chevilles un peu enflées » de son père. La plupart, tel François Goguel, annotateur des *Discours et Messages*, préfèrent s'en tenir à une impression globale rassurante : « Il est difficile de croire qu'on a devant soi un presque octogénaire ; non, décidément, la vieillesse n'est pas toujours un naufrage. » [21]

Rares sont ceux qui, avec Jules Roy, admettent sans détour que Charles de Gaulle ne pouvait échapper au sort commun :

— Je suis aujourd'hui plus âgé que l'était de Gaulle en 1970, confie-t-il, et cela fait longtemps que j'observe sur moi les signes du naufrage ; l'un des plus accablants est le manque de décision. De Gaulle en a manifestement souffert. Cela se traduisait par des incertitudes, qui le poussaient à des erreurs. Voyez la dernière période... La situation lui échappait. Ce n'était plus le de Gaulle de la grande époque. Il avait beaucoup baissé ; il voyait bien qu'un coup de gueule ne suffisait plus. Il pensait sûrement à Pétain. Le naufrage était de plus en plus visible. [22]

Mais Jules Roy s'avoue incapable de dire à quel moment on a pu commencer à le voir.

Rencontrant de Gaulle en août 1956, lors de sa tournée aux Antilles, l'ambassadeur Hervé Alphand se déclare fâcheusement surpris : « Sa voix s'est curieusement altérée (...) ; c'est presque une voix de vieillard, avec des sonorités affaiblies (...). Je trouve aujourd'hui devant moi un homme qui a abandonné la lutte. » [23]

Lorsque Bernard Tricot revint à l'Élysée après sept années d'absence, il constata, lui aussi, que le Général avait beaucoup changé : « Il se fatiguait plus vite qu'autrefois. C'est le soir que la lassitude était surtout perceptible ; l'attention, alors, se relâchait plus vite. Il valait mieux se montrer bref dans les exposés... » [24]

Mais aucun proche n'était plus conscient que de Gaulle lui-même de l'implacable usure de l'âge. Jean Mauriac cite ce mot fréquemment prononcé pendant « la traversée du désert » : « Ce sera trop tard ! Je serai trop vieux ! » Et celui-ci, qui s'adressait à sa nièce Geneviève Anthonioz, dès 1958 : « J'ai dix ans de trop. » [25]

*
* *

Trop tard, trop vieux : avant d'être un naufrage, la vieillesse est déjà une tragédie des occasions manquées. De Gaulle redoute au plus haut point d'être traité comme Pétain — encore lui ! — l'a toujours été : « Toujours : oui, oui, mon général... » Qui prendra le risque, qui aura le courage de contredire le Général — pis encore : de lui dire que son temps est venu, qu'il doit s'effacer ? Qui aura la témérité de jouer les parricides ? « Peut-être, remarquait Emmanuel Berl, devra-t-il lui-même remercier ceux qui votèrent *Non* le 27 avril. Il n'était pas éternel, il ne pouvait pas rester toujours ; la vieillesse peut devenir un naufrage, et même un naufrage sanglant. » [26]

Il était parfaitement conscient du grave problème qui ne manquerait pas de se poser un jour à l'entourage, s'il demeurait aux affaires. En 1965, alors qu'il n'avait pas encore annoncé sa décision de briguer un second mandat, il confiait à Maurice Schumann :

— Si je me représente et si je suis réélu, qui me dira : vous avez un passage à vide, vous battez la campagne ? Ce n'est pas Bonneval, ce n'est pas Burin [27], ce n'est pas Pompidou... Ce n'est pas vous, Schumann ! [28]

Maurice Schumann admet sans difficulté : « Jamais je ne lui aurais dit une chose pareille. » Selon Jean d'Escrienne, aide de camp du Général de 1966 à 1970, lorsque de Gaulle acquit la conviction que nul, dans son entourage, ne le préviendrait des signes annonciateurs du naufrage, il préféra « s'observer lui-même » [29].

Un autre « gaulliste historique », Jacques Chaban-Delmas, affirme cependant qu'il était décidé à « parler » : « Nous avons eu plusieurs fois l'occasion d'en parler et nous étions même arrivés à convenir de ce que, si je relevais des signes de déclin, je les lui communiquerais. Ce qui, de sa part, relevait de la confiance et, de la mienne, peut-être de l'imprudence, mais je l'aurais fait et il le savait. » [30] Chaban-Delmas n'eut pas l'occasion de faire preuve de cette « imprudence ».

Historienne de la vie quotidienne à l'Élysée, Claude Dulong rejoint Jean d'Escrienne : le Général avait acquis la certitude que nul ne lui dirait rien, mais n'étant pas lui-même sûr de percevoir les premiers « signes », il avait décidé de ne pas rester au pouvoir au-delà de son... quatre-vingtième anniversaire [31].

Certains jours, la hantise reculait : « Saviez-vous, demanda-t-il à Jean d'Escrienne quelques jours avant le référendum d'avril 1969, que lorsque Sophocle a écrit *Œdipe à Colone*, il avait quatre-vingt-dix ans ? » [32] Sur un feuillet, pour lui-même, il avait noté quelques noms, destinés à ranimer son espérance : Michel-Ange (il a peint la *Sixtine* à plus de quatre-vingts ans), Titien (il s'est attelé à *La Bataille de Lépante* à plus de quatre-vingt-quinze ans), Goethe (il a écrit *Le Second Faust* à quatre-vingt-trois ans), Hugo (il mettait en chantier une seconde *Légende des siècles* à quatre-vingt-trois ans),

Saint-Saëns (il composait des quatuors à quatre-vingts ans), François Mauriac, son aîné de cinq ans (en cette même année 1969, il publie son dernier roman, *Un Adolescent d'autrefois*). « De Gaulle, en les inventoriant, remarquent Anne et Pierre Rouanet, veut se convaincre que de puissants vieillards sont demeurés capables d'œuvrer pour l'humanité. »[33] Et qu'il s'agisse d'artistes, non d'hommes d'action, n'entre pas en ligne de compte : il ne fait aucune différence entre les créateurs — à moins, comme le suggèrent les Rouanet, qu'il n'ait déjà envisagé, à ce moment, sa « conversion définitive » à l'écriture...

Et pourtant, confia-t-il naguère à Pierre-Henry Rix, « la gloire n'aime pas les vieillards »[34]. Louis XIV l'avait dit avant lui et Charles Quint, tenu en échec devant Metz, l'avait clairement ressenti. De Gaulle aimait également ce mot de Saint-Simon sur le prince Eugène, l'un des plus grands chefs de guerre de tous les temps, mort à soixante-treize ans : « Il arrive à de grands hommes de vivre beaucoup trop longtemps. »[34]

Il n'était pas mort au Petit-Clamart. Cinq ans plus tard, au terme de la douloureuse année 1967, où avaient disparu deux autres « compagnons », Konrad Adenauer et Alphonse Juin, il confiera à sa filleule Martine Lami, qui avait eu l'imprudence de lui souhaiter son soixante-dix-septième anniversaire : « À cet âge, on [n']a plus devant soi que l'ombre en attendant la nuit. »[35] On songe ici à cette phrase de *La Vie de Rancé* : « La vieillesse est une voyageuse de nuit : la terre lui est cachée, elle ne découvre plus que le ciel. » Raymond Tournoux rapporte d'autres propos significatifs : « Je suis au bout du rouleau. Tout cela m'ennuie. Ce que je faisais à Londres était exaltant. Maintenant... » Et aussi : « J'ai peur de vieillir, de ne plus rester maître de mon jeu et de ne pas le savoir. »[36]

Olivier Guichard assure qu'à partir de 1962 le Général avait « une vive conscience de son âge » : « La vieillesse accélère le temps, ajoute Guichard, elle donne l'impatience de dire les derniers mots, d'accomplir les gestes qui donnent sa signification à une vie. »[37] Familier de l'œuvre d'Albert Samain, son illustre compatriote lillois, de Gaulle l'avait cité dans *La France et son armée* et *Vers l'Armée de métier*. Il aimait entre tous le poème intitulé l'*Allée solitaire* :

> « *Il est des nuits de doute où l'angoisse vous tord,*
> (...)
> « *Ces nuits-là, je suis dans l'ombre comme un mort.* »

Il ne pouvait ignorer ces quatre autres vers de l'auteur de *Au Jardin de l'Infante* :

> « *Oh ! s'en aller sans violence,*
> « *S'évanouir sans qu'on y pense*
> « *D'une suprême défaillance...*
> « *Silence... Silence... Silence...* »

CHAPITRE III

La tentation du départ

De Gaulle lui-même ne l'a jamais nié : « Vous savez, depuis quelque chose comme trente ans que j'ai affaire à l'Histoire, confie-t-il à Michel Droit, le 7 juin 1968, il m'est arrivé quelquefois de me demander si je ne devais pas la quitter. » [1] La pensée du départ est inhérente à tout personnage historique ; la tentation du départ l'accompagne souvent. Réussir sa « sortie » n'est pas seulement une préoccupation d'acteur, c'est l'obsession de tous les hommes d'État. François Mauriac l'avait analysée dans son *Dernier Bloc-Notes* :

« Je crois que son départ est très lié à ce souci qu'il a eu de savoir s'en aller. La vieillesse, il faut bien le dire, est une lourde croix pour tous les hommes (...) et la vieillesse d'un héros plus lourde que celle d'un homme ordinaire. » [2]

De Gaulle n'avait pas attendu de connaître « cet immense supplice », selon la terrible définition que Michelet donne du grand âge, pour éprouver une tentation à laquelle il lui arriva de céder. Auteur d'un *Éloge de la fuite*, le neuropsychiatre Henri Laborit remonte aux origines : le Général, rappelle-t-il, a commencé à « partir » lors de sa captivité de 1916-1918, deux années non moins terribles que la cruelle expérience du front, au cours des-

65

quelles il tenta plusieurs fois de s'évader. Repris et enfermé à Ingolstadt, il y connut un début de dépression, refusant que sa famille lui envoie des livres et doutant très fortement de jamais réussir dans la carrière des armes après une aussi longue absence. « Toute sa vie, remarque Henri Laborit, de Gaulle luttera pour ne pas se laisser enfermer. »[3]

L'Appel du 18 juin, acte fondateur du gaullisme, n'est-il pas, lui aussi, la conséquence d'une « fuite » ? La conviction que la guerre engagée l'année précédente ne peut s'achever par une défaite militaire, qu'elle est une guerre mondiale, que rien ne sera joué tant que toutes les forces susceptibles d'être mobilisées n'auront pas été employées, pousse de Gaulle à quitter le territoire national. L'idée du départ, de la fuite — en l'occurrence, une véritable désertion en temps de guerre — est consubstantielle au gaullisme. Charles de Gaulle a toujours pris le contre-pied du vers célèbre d'Edmond Haraucourt : partir, ce n'est nullement « mourir un peu », c'est l'inverse. On part pour ne pas mourir, on va vers une autre vie, vers une vie meilleure, vers la « vraie vie ».

Il s'agit bien de ce que Henri Laborit appelle « une fuite créatrice » : lorsqu'un homme ne peut plus agir, lorsqu'il ne contrôle plus son milieu et les événements, il doit, sous peine de connaître une « inhibition de l'action » conduisant à l'angoisse, à une dépression grave, imaginer une autre stratégie, changer de comportement, refuser de suivre les filières habituelles. Saint-Exupéry a résumé cela en une maxime généralement mal interprétée : « Fuir, voilà l'important. » Il aurait pu dire : « Voilà l'essentiel. »[4]

Dans l'entretien avec Michel Droit, de Gaulle énumérait six occasions où, depuis juin 1940, il avait senti sa résolution fléchir. « Il n'appartient à personne de mettre en cause cette énumération », affirme Olivier Guichard[5]. C'est faire bon marché de l'Histoire, de la psychologie et, accessoirement, de la liberté de pensée !

*
* *

La première occasion eut pour cadre un navire britannique de 183 mètres, jaugeant près de 10 000 tonnes et arborant les pavillons français et néerlandais, le *Westernland*. De Gaulle y avait pris place le 31 août 1940, ainsi qu'un détachement de Français Libres (Légion, artilleurs, fusiliers marins, services). En tout, deux mille hommes, répartis sur divers cargos français, avec deux cuirassés, quatre croiseurs, quelques destroyers et un porte-avions de la Royal Navy, s'en allaient à l'assaut de Dakar.

On ne détaillera pas ici le déroulement de l'opération « Menace », qui se révéla surtout une menace pour l'avenir de la France Libre et de son chef. Les désaccords franco-britanniques, une vigoureuse riposte de l'administration et des forces fidèles à Vichy et, si l'on en croit de Gaulle, le brouillard [6] allaient compromettre gravement l'entreprise et, en fin de compte, se solder par une complète défaite des assaillants. « Les jours qui suivirent, racontera de Gaulle, me furent cruels. J'éprouvais les impressions d'un homme dont un séisme secoue brutalement la maison et qui reçoit sur la tête la pluie des tuiles tombant du toit. » [7] Il confiera en juin 1968 à Michel Droit :

« Avec mes compagnons, ayant essuyé le feu des forces françaises qui tiraient sur les Français Libres, alors que l'ennemi était à Paris, j'ai douté qu'on pourrait jamais les retourner contre l'envahisseur de la France. » [8]

*
* *

Deux ans plus tard, c'est à Londres que de Gaulle connaît une deuxième tentation. Le 24 décembre 1941, avec l'accord de Churchill et en dépit de l'hostilité de Roosevelt, l'amiral Muselier, chef des Forces Navales Françaises Libres, s'était emparé de Saint-Pierre-et-

Miquelon. Deux mois plus tard, auréolé de la gloire que lui avait valu ce « petit coup de main » (de Gaulle), il rentrait à Londres pour s'y livrer à un éclat : contestant la légitimité du Comité National Français, il en démissionna, tout en annonçant son intention de demeurer à la tête des FNFL. De Gaulle, bien sûr, ne pouvait tolérer ce qui risquait d'apparaître comme une amorce de dissidence militaire, d'autant plus que l'amiral bénéficiait, semble-t-il, de l'appui de « quelques agités de l'émigration », ainsi que de certains milieux anglais : « Les conjurés, précise de Gaulle, avaient trouvé le concours de M. Alexander, Premier lord de l'Amirauté. » [9]

L'intrigue — sinon la conjuration — prit rapidement des proportions : les Anglais exigèrent le maintien de Muselier à la tête des FNFL, de Gaulle protesta contre cette « ingérence », puis décida d'assigner Muselier à résidence pendant un mois. Après quoi, il s'assigna lui-même à résidence, en allant passer un mois dans sa maison de campagne de Berkham Sted. Le général Billotte, son chef d'état-major, a raconté « l'émotion » qui s'empara des proches collaborateurs, plantés là sans préavis : « Sur le moment, j'en fus d'autant plus impressionné qu'étant seul dans la confidence de la pensée militaire du Général, j'eus à prendre de sérieuses décisions sans pouvoir lui en référer. » [10] Dans ses propres *Mémoires*, de Gaulle écrit : « Je m'en fus à la campagne, prêt à tout, m'attendant à tout. » [11] À tout : c'est-à-dire, en clair, au pire. Et l'on ne peut s'empêcher de penser que le pire (son éviction) était plus probable s'il abandonnait le terrain à Muselier, devenu malgré lui son rival à la tête de la France Libre, que s'il l'occupait...

La suite prouva cependant qu'il avait bien manœuvré. Avant son départ pour Berkham Sted, il avait laissé à ses trois plus proches hommes de confiance (René Pleven, André Diethelm et François Coulet) « une sorte de testament secret » par lequel, si le pire survenait, il leur confiait la mission d'apprendre à l'opinion française ce qui s'était passé. L'éventualité ne se produisit finalement pas, car les Anglais lâchèrent Muselier, qui, cette fois, n'avait plus d'autre issue que de rompre avec la France Libre. « Incident pénible », admet de Gaulle. [12] Il l'avait échappé belle. Il confiera en 1968 à Michel Droit :

« Devant une dissidence à l'intérieur de la France Libre, dissidence dont le gouvernement britannique avait été le complice, sinon l'instigateur, je suis allé dans un coin de la campagne anglaise, en faisant savoir à Londres que je ne poursuivrais pas mon entreprise aux côtés de la Grande-Bretagne si mes conditions n'étaient pas acceptées. »

*
* *

Au cours de l'été suivant, il entreprit une longue tournée au Levant et dans les colonies d'Afrique Noire ralliées à la France Libre. Voyage difficile, au cours duquel le chef de la France Libre s'éleva contre les ingérences britanniques en Syrie, au Liban et à Madagascar, d'abord dans une lettre à Churchill, puis dans un discours prononcé à Brazzaville le 21 septembre 1942. Quatre jours plus tard, annulant un séjour au Caire, il regagne précipitamment Londres.

« Voici de nouveau, écrit-il, ce qu'on appelle le pouvoir dépouillé des contacts et des témoignages qui viennent, parfois, l'adoucir. Il n'est plus ici que dures affaires, âpres négociations, choix pénibles entre des hommes et des inconvénients. » [13]

Le 30 septembre, il se rend au 10 Downing Street, en compagnie de René Pleven ; Churchill l'attend, flanqué d'Anthony Eden. L'ambiance est à l'orage : « Entrevue très mauvaise », résume de Gaulle qui, dans son compte rendu, insiste sur le « ton acerbe et passionné » du Premier ministre britannique. Lui-même fait preuve d'une violence plus contenue, mais laisse clairement entendre que le débarquement britannique à Madagascar « remet en question » la coopération franco-britannique. Le compte rendu anglais de l'entretien [14] fait état de la « fureur » de Churchill, qui s'écrie alors :

— Vous dites que vous êtes la France ! Vous n'êtes pas la France ! Je ne vous reconnais pas comme la France ! La France, où est-elle ?

De Gaulle s'efforce de rester calme, mais il ne peut s'empêcher de lâcher :

— Pourquoi discutez-vous de ces questions avec moi, si je ne suis pas la France ?

Il note dans ses *Mémoires* : « M. Churchill garda le silence. » Eden prend le relais : « S'emportant à son tour, il se plaignit amèrement de mon comportement. » De Gaulle reproche aux Anglais d'avoir tenu à l'écart la France Libre du prochain débarquement en Afrique du Nord : « L'entretien, parvenu à ce point, ne pouvait plus servir à rien. On en convint et on se sépara. » [15] Le compte rendu anglais est plus détaillé. Churchill lança encore quelques amabilités à son visiteur :

— Vous n'avez pas de pire ennemi que vous-même. (...) Nous avons les plus grandes difficultés à travailler avec vous. (...) Vous avez semé le désordre partout où vous êtes passé. (...) Je ne puis vous considérer comme un camarade ou un ami...

Avant le trait final :

— Au lieu de faire la guerre à l'Allemagne, vous avez fait la guerre à l'Angleterre (...) et vous avez été le principal obstacle à une collaboration effective avec la Grande-Bretagne et les États-Unis.

Cette fois, l'entretien était bien terminé. De Gaulle prit congé sur ces mots ambigus : « J'en tirerai les conséquences. » Il reconnaît : « Les semaines qui suivirent furent tendues à l'extrême », avant de conclure : « Cependant, suivant l'usage, la tempête se calmera bientôt. » [16] La colère de Churchill perdura quelque temps : « C'est vraiment idiot », confia-t-il à Eden, après le départ du Français ; Eden surenchérit en assurant que de Gaulle s'était montré encore plus grossier que Ribbentrop (!).

Le lendemain, présidant la séance du Comité National

Français (« la plus émouvante de celles auxquelles j'ai assisté », confiera Jacques Soustelle à Jean Lacouture), de Gaulle proposera de démissionner. Les membres de l'instance supérieure de la France Libre repoussèrent énergiquement cette éventualité. Il n'insista pas [17].

*
* *

En 1942, de Gaulle avait passé un mois à la campagne ; en 1946, huit jours à la villa Sous-le-Vent d'Antibes suffirent pour prendre la décision de quitter le pouvoir — sinon l'Histoire. L'épisode est beaucoup plus connu que le précédent car, cette fois, il succombe à la tentation du départ. Décrivant son état d'esprit au lendemain des élections générales jumelées avec le référendum constitutionnel du 21 octobre 1945 (qui ne lui avaient pas paru révéler de « grand élan »), il explique :

« Ayant fait le compte de mes possibilités, j'avais fixé ma conduite. Il me revenait d'être et de demeurer le champion d'une République ordonnée et vigoureuse et l'adversaire de la confusion qui avait mené la France au gouffre et risquerait demain de l'y rejeter. Quant au pouvoir, je saurais, en tout cas, quitter les choses avant qu'elles ne me quittent. » [18]

Voici novembre...

Le 13, sans avoir posé sa candidature, il est élu président du gouvernement provisoire par l'Assemblée constituante à l'unanimité des 555 votants. Et pourtant, trois jours plus tard, il remet son mandat à la disposition de l'Assemblée, en raison des exigences du parti communiste, qui veut se voir attribuer l'un des trois ministères clés (Affaires étrangères, Défense, Intérieur). Le 19 novembre, il était à nouveau élu président du gouvernement provisoire et les communistes renonçaient à poser toute condition pour leur participation.

De Gaulle l'emporte, mais sa victoire le laisse sans illusions sur l'avenir : « En dépit de l'accord apparemment réalisé, je ne pouvais pas douter que mon pouvoir fût en porte-à-faux. » [19] Entrés au gouvernement, Maurice Thorez et ses amis ne désarmaient pas, bientôt relayés par les socialistes et par la plupart des radicaux. Chaque jour qui passait voyait l'action gouvernementale battue en brèche par la majorité des députés. Le 1er janvier 1946, après une discussion particulièrement pénible sur les crédits militaires, de Gaulle prit, dans le plus grand secret, la décision de s'en aller [20] :

« Ce soir-là, sondant les cœurs et les reins, je reconnus que, décidément, la cause était entendue, qu'il serait vain et même indigne d'affecter de gouverner, dès lors que les partis, ayant recouvré leurs moyens, reprenaient leurs jeux d'antan, bref que je devais maintenant régler mon propre départ. » [21]

Il attendit, pour quitter Paris, le mariage de sa fille aînée avec le chef d'escadron Alain de Boissieu. Le 14 janvier, il était de retour, après avoir fixé les modalités de son départ : « Quitter la barre en silence, sans m'en prendre à personne (...), sans accepter aucune sorte de fonctions, de dignité ou de retraite, enfin sans rien annoncer de ce que je ferai ensuite. » [22] Un dernier incident le renforce dans son idée de « tout quitter » : le 16 janvier, Édouard Herriot le prend durement à partie à propos de la régularisation des citations accordées par le général Giraud à des soldats français tués en Afrique du Nord au cours des engagements ordonnés par Darlan contre les troupes américaines de débarquement. Le 20, de Gaulle annonce à ses ministres que la renaissance du « régime exclusif des partis » le contraint à se retirer.

« Tout le porte vers l'avant, observe Jean Lacouture. Mais quand la progression est bloquée, il sait ne pas s'obstiner et faire retraite. Car le fond de sa nature est moins l'attaque que le mouvement, ou plutôt la manœuvre : tel est le mot clé de *Vers l'Armée de métier...* » [23]

La manœuvre, en l'occurrence, contrairement aux précédents de 1942, n'aurait pas été couronnée de succès puisque la retraite devait durer douze trop longues années, et Pierre Lefranc n'est pas le seul fidèle à estimer que le départ de 1946 fut une erreur : « De Gaulle, explique-t-il, aurait pu prendre le pays à témoin, comme c'était son habitude. L'aurait-il emporté ? Sans doute. »[24] Selon une confidence à son neveu Michel Cailliau, rapportée par Lacouture, de Gaulle lui-même pensait qu'il avait commis « une erreur politique » : « Je croyais que les Français me rappelleraient très vite », reconnut-il par la suite[25].

Pour s'en tenir aux seuls faits, il n'est pas douteux, comme le confirme son ancien secrétaire particulier, Claude Mauriac, que, dès le mois de septembre 1945, il envisage très sérieusement de partir, « le visage souriant, serein, rayonnant d'une sûreté de soi » qui impressionne ses proches[26].

« Il n'est pas de grand homme, remarque son dernier biographe, qui, circonvenu, contesté, harcelé par de moins grands, ne fasse connaître de saison en saison sa lassitude ou son dégoût. (...) À la fois tentation de rompre et chantage à la rupture... » Après Bismarck et Clemenceau, de Gaulle n'échappait pas à cette loi.

— La tentation du départ, remarque Pierre Messmer, est certainement une constante de son caractère. Dès qu'il ne peut plus faire ce qu'il a décidé de faire, il s'en va ![28]

Il part le 20 janvier 1946. Félix Gouin lui succède six jours plus tard. De Gaulle quitte l'Histoire pour de bon, « submergé, expliquera-t-il à Michel Droit, par le torrent stérile des partis sur lequel je n'avais pas de prise et ne pouvant plus agir à la place où j'étais ».

Dès le mois de février, son collaborateur et confident Claude Guy confie à Claude Mauriac : « Le cancer de l'ennui commence à ronger le Général. »

*
* *

Pour y échapper, il voyage : Bayeux, où il prononce un important discours le 16 juin 1946, la Lorraine (en juillet), la Bretagne (en août), Épinal (en septembre), la Haute-Normandie (en mars 1947), le Bas-Rhin (en avril), Bordeaux (en mai). Durant cette première période, il ne cesse de prendre des positions sur les débuts du régime, d'en dénoncer les errements. Hostile au projet de Constitution soumis au référendum le 13 octobre 1946, il recommande de voter « Non », mais n'est pas suivi. En décembre, il croit utile de préciser qu'il ne sera pas candidat à la présidence de la République. A Bruneval, le 31 mars 1947, il assure : « Le jour va venir où, rejetant les jeux stériles et réformant le cadre mal bâti où s'égare la nation et se disqualifie l'État, la masse immense des Français se rassemblera sur la France. »

La retraite de 1946 n'est manifestement pas définitive. À Strasbourg, en avril, il proclame la nécessité d'un « rassemblement du peuple français ». C'est le nom du mouvement (on n'ose pas dire : du parti) dont il annonce la création le 14 avril et dont les statuts sont déposés à la préfecture de police le 29 mai 1947.

Très vite, le RPF s'installe en force dans le paysage politique français ; de Gaulle ne cesse de parcourir la France pour dynamiser les militants qui affluent. Le 5 octobre, il parle devant un million de personnes à l'hippodrome de Vincennes ; aux élections municipales des 19 et 26 octobre, le Rassemblement obtient 40 % des suffrages et remporte les quatorze plus grandes municipalités. Symbole éclatant : Pierre de Gaulle, frère du Général, est élu président du conseil municipal de Paris. Le terme n'existe pas encore, mais ce parti pas comme les autres s'impose désormais comme une force de recours. En novembre 1948, les élections au Conseil de la République (ex-Sénat) lui donnent 52 sièges sur 320 ; en mars 1949, les cantonales lui accordent 500 élus (sur 1 500) et 31 % des voix.

Succès prometteurs, mais pas tout à fait décisifs : « L'impression générale est celle d'une stagnation », note Lacouture. Dans une lettre à Georges Pompidou datée du 21 avril 1949, Michel Debré constate : « Le pays légal se défend bien. » [29]

Le grand tournant se situe aux élections législatives de 1951. Victime du « stratagème » des apparentements, le RPF n'obtient que 118 sièges sur 625. Victoire « limitée, mais indiscutable », assure de Gaulle lors d'une conférence de presse — c'est un échec. Le RPF a obtenu moins de voix que le PCF ; il se déclare pourtant prêt à « prendre la tête du gouvernement » avec, dit de Gaulle, « ceux qui voudront nous y aider, sans exclure d'avance personne ».

Le Rassemblement devient, dès lors, un parti comme les autres. Acceptant de jouer le jeu parlementaire et d'assurer le pouvoir dans un cadre constitutionnel qu'il récuse, il cesse d'être fidèle à l'ambition originelle. « Le RPF a tué le Rassemblement », résume un ancien ministre du Général, Paul Giaccobi. L'agonie va durer deux années. Le 6 mai 1953, de Gaulle publie une déclaration où il fixe très clairement une ligne nouvelle : « s'écarter d'un régime qui est stérile », se dégager de l'« impasse électorale et parlementaire », s'organiser, s'étendre, « préparer le recours ».

C'est l'arrêt de mort. Victime de la capacité de résistance du « système » et de ses divisions internes, le RPF est moribond. Son conseil national s'est réuni pour la dernière fois en février ; aux municipales d'avril-mai 1953, il n'obtient qu'un peu plus de 10 % des voix. Quelques jours plus tard, le Rassemblement s'efface devant une fantomatique « Union républicaine d'action sociale ». À Michel Droit, de Gaulle confiera, quinze ans plus tard :

— Je voyais que le Rassemblement que j'avais formé était en train de se disloquer ; alors, je l'ai laissé et je suis rentré chez moi.

Il y restera cinq ans.

*
* *

Il revient aux affaires à soixante-sept ans et demi, à un âge, assure-t-il, où on ne devient pas « dictateur ». Certes, mais s'étant, le 15 mai 1958, déclaré « prêt à assumer les pouvoirs de la République », il va gouverner, durant les quatre premières années, en respectant le plus possible (ce qui lui est souvent difficile) le jeu démocratique des institutions qu'il a établies, tout en déployant une autorité qui ne faiblira jamais. Les opposants s'en apercevront à leurs dépens : jusqu'en 1962, le Général ne montrera aucun signe de lassitude ou de découragement ; les tentations du départ semblent appartenir à un passé bel et bien révolu. Les vieux démons ne resurgiront qu'à l'automne 1962.

Le 22 août, moins d'un an après l'attentat manqué de Pont-sur-Seine, il échappe à une nouvelle entreprise meurtrière de l'OAS. Apparemment, il n'en est pas troublé, seulement indigné contre des hommes qui n'ont pas hésité à mettre en péril la vie d'innocents et surtout la vie d'une femme (Mme de Gaulle). Mais cette « péripétie » l'incite à proposer plus rapidement qu'il l'avait prévu une modification capitale de la Constitution : l'élection du chef de l'État au suffrage universel. Il l'annonce au conseil des ministres le 29 août et au pays le 20 septembre : « Quand sera achevé mon propre mandat, dit-il, ou si la mort ou la maladie l'interrompait avant le terme, le président de la République sera dorénavant élu au suffrage universel. »

Conformément à la Constitution, la réforme sera adoptée par voie de référendum. De Gaulle s'attendait à une rude bataille : il n'est pas déçu ! L'opposition déterminée du président du Sénat, qui entraîne une partie de la classe politique, les scrupules de plusieurs ministres (Jean Foyer, Robert Boulin, qui choisissent finalement de rester au gouvernement, Pierre Sudreau, qui préfère s'en aller) le rendent brusquement morose. On lui prête ces réflexions désabusées : « Ah ! j'ai vingt ans de trop ! » (il va sur ses soixante-douze ans) et aussi : « Serai-je encore en vie dans huit jours ? »[30]

Les uns après les autres, les partis se prononcent pour le « Non » ; le 30 septembre, à Vichy, Gaston Monnerville lâche un mot qui fait balle : « forfaiture ». Et le président du Sénat recommande de censurer un gouvernement complice de ce crime contre la République. Le lendemain, le Conseil d'État se prononce contre la procédure référendaire ; deux éminents membres du Conseil constitutionnel, les anciens présidents Vincent Auriol et René Coty, sont eux aussi hostiles au changement constitutionnel, et l'on assure que le président de cet organisme lui-même, le très gaulliste ambassadeur Léon Noël, s'apprête à rendre publique son opinion défavorable. De Gaulle commence par se cabrer. Le 24 septembre, il dit à Sudreau, démissionnaire : « Je suis seul apte à pouvoir décider du destin du pays. » [31]

La motion de censure déposée le 2 octobre est adoptée trois jours plus tard. Le gouvernement Pompidou est renversé. La réplique de De Gaulle est foudroyante : l'Assemblée est dissoute le 10 ; le premier tour des élections aura lieu le 18 novembre — trois semaines après le référendum. L'affrontement se durcit tous les jours : « Jusqu'au 28 octobre, note Pierre Viansson-Ponté, le pays est coupé en deux. » [32]

Le 19 octobre, le Conseil d'État porte à de Gaulle un très rude coup : l'ordonnance présidentielle du 1er juin 1962 créant la Cour militaire de Justice est annulée. Ce tribunal spécial a déjà envoyé le lieutenant Degueldre, chef des commandos Delta de l'OAS, au poteau d'exécution ; il voue au même sort un autre chef important de l'organisation secrète, André Canal (« Le Monocle »). Ce dernier se pourvoit aussitôt en cassation ; le gouvernement s'élève contre cet « encouragement à la subversion ». Selon Lacouture, du coup, le moral du Général « se met à flotter » [33] ; pour Viansson-Ponté, de Gaulle « va de l'assurance au plus noir découragement ». Une fois encore, les propos tenus aux proches révèlent un état d'esprit pour le moins incertain :

« C'est foutu. Ils ont appelé de Gaulle quand ils avaient la trouille. Maintenant, ils vont retrouver leur petite cuisine... Dans six semaines, je ne serai plus ici ! » [34]

Dans six semaines, nous serons en novembre...

« Voici novembre en son manteau grisâtre
« Qui se blottit de peur au fond de l'âtre
« Et dont les yeux soudain regardent,
« Par les carreaux cassés de la croisée,
« Les vents et les arbres se convulser
« Dans l'étendue effarante et blafarde. »

Verhaeren

Viansson-Ponté cite également ce propos tenu à Pompidou : « Quoi qu'il arrive, je quitterai le pouvoir dans six mois et vous prendrez ma place. » [35] Dans la semaine qui précède le référendum, il confie à Roger Frey, ministre de l'Intérieur, que 65 % des suffrages exprimés constitueraient « un triomphe » et 60 % « un succès » [36].

Le 28 octobre 1962, il y eut 62,25 % de « Oui », mais ce pourcentage relativement élevé (encore que nettement inférieur aux résultats des précédents référendums : 75,26 % en janvier 1961 et surtout plus de 90 % en avril 1962) ne correspondit qu'à un peu moins de 47 % des inscrits. De Gaulle médite à Colombey — et il prend le temps de méditer : le 29 octobre, il ne rentre pas à l'Élysée, contrairement à l'habitude. Trois hommes s'entretiennent longuement avec lui par téléphone (Louis Joxe, Georges Pompidou, Roger Frey), mais ne lui tirent qu'une seule petite phrase qui alimente l'angoisse dans les rangs gaullistes : « Je vais réfléchir. » [34]

La nuit du 29 au 30 porte conseil : le mardi matin, de Gaulle regagne l'Élysée. Il a été, semble-t-il, convaincu par l'argumentation de son Premier ministre : « Le score obtenu est inespéré, compte tenu de l'opposition déclarée des communistes, surtout qu'aux législatives, un tel pourcentage a toutes les chances de provoquer un raz de marée gaulliste à l'Assemblée nationale. » [37] La bataille des législatives, qui s'engage, sera gagnée haut la main : les formations gaullistes obtiennent plus de 40 % des suffrages exprimés et 229 sièges (sur 465) ; l'appoint des Républicains Indépendants et de quelques MRP assure au gouvernement la majorité absolue.

Le flottement, cette fois, n'aura duré que quelques heures et n'a sans doute pas été assez décisif pour que de

Gaulle veuille s'en souvenir dans son entretien avec Michel Droit, six ans plus tard. Il n'en aura pas moins été bien réel.

C'est au lendemain des élections de novembre 1962 qu'Alain Peyrefitte prononça sa fameuse petite phrase : « Si nous ne faisons pas de bêtises, nous sommes là pour trente ans ! » [38]

Trois ans plus tard, les faits commençaient à infliger au ministre de l'Information un début de démenti.

*
* *

— Eh oui, mon général, c'est le ballottage...

Le premier coup de fil reçu à la Boisserie au soir du 5 décembre 1965 est celui d'Étienne Burin des Roziers. De Gaulle est déjà au courant : il a suivi les premiers résultats donnés par la télévision. Il s'y attendait : les derniers sondages ne lui accordaient guère plus de 43 % des suffrages exprimés (il en obtiendra 44,64 %). Cela ne l'empêche pas d'accuser le coup très durement. Il confiera à Michel Droit : « Le soir du premier tour de l'élection présidentielle (...), une vague de tristesse a failli m'entraîner au loin. »

Cette fois, il a été bien près de la démission. Au secrétaire général de l'Élysée, il a dit qu'il allait « réfléchir » ; deux heures plus tard, Pompidou vient prendre la température : « Il sent, au bout du fil, un homme effondré et n'entend que des récriminations, mélange d'autocritique et de rancœur. » [39] Pompidou n'en tire aucune conclusion immédiate. Louis Joxe et Alain Peyrefitte l'entourent ; au premier, de Gaulle annonce catégoriquement : « Je me retire. » L'air est connu : « ils » ne veulent plus de lui, il n'insistera pas. Peyrefitte intervient : il lui assure que, pour un premier tour, 44 % constituent un bon résultat. De Gaulle n'a pas envie de discuter, il raccroche. Pompidou le rappelle avant minuit pour lui lire la déclaration qu'il a préparée ; il y évoque « la division qui a empêché l'élan national ». De Gaulle le coupe : « Pas empêché, différé. » Pompidou est rassuré : « Apparemment, le Général n'a pas l'intention de se cloîtrer à Colombey. »[40]

La partie est gagnée. De Gaulle a « réfléchi » : il reviendra à l'Élysée le lendemain. Le 8 décembre, au conseil des ministres, il s'autorise cet aveu qui sidère les membres du gouvernement : « Je me suis trompé et je mentirais si je disais que je n'ai pas été atteint. »[41] Le Général est un homme que l'on peut *atteindre* plus sûrement qu'en déchargeant sur lui des pistolets-mitrailleurs Sterling[42].

On a dit qu'il avait pris sa mise en ballottage comme un « blasphème » ; on aurait pu dire : comme un nouvel attentat. Maurice Schumann n'évoque-t-il pas la « conjuration des poignards »[43] dont François Mitterrand, son adversaire du second tour, serait le principal instigateur et dont il pourrait bien être le principal bénéficiaire ?

Mais le Général s'est ressaisi. Son entourage lui recommande de descendre de son Olympe pour tenter de récupérer les quelque 3 770 000 suffrages qui se sont portés sur Jean Lecanuet : « Ils veulent me voir en pyjama ! » plaisante-t-il[44]. Il accepte de se laisser interviewer par Michel Droit. À la télévision, il apparaîtra au meilleur de sa forme, abondant en trouvailles, faisant preuve d'une étonnante humilité : « Je ne dis pas que je sois parfait et que je n'ai pas mon âge », reconnaît-il[45].

Et pourtant, contre l'ensemble du camp gaulliste, il doute encore. Une phrase disparaît au montage de la dernière émission de propagande électorale enregistrée avec Michel Droit : « Si je suis élu dimanche, je ne resterai pas très longtemps, mais, quoi qu'il arrive, j'aurai rempli mon destin... » En aparté, le journaliste lui a assuré qu'il n'était « pas pensable » que le candidat de la gauche l'emporte et de Gaulle a rectifié : « Si, si, c'est très pensable, au contraire ! »[46] Le démon du doute ne lâchait pas prise.

Le 19 décembre 1965, il obtiendra 54,50 % des suffrages exprimés. Il n'empêche : « De Gaulle ne sera plus jamais le même », observe Viansson-Ponté[47]. Les commentateurs politiques l'affirment déjà : il y aura un troisième tour au printemps 1967, date des prochaines législatives.

Ce fameux troisième tour va se jouer en deux temps : au soir du 5 mars 1967, la victoire des formations gaullistes paraissait largement assurée ; au soir du 12 mars, elle se trouvait considérablement réduite. Le gouvernement ne disposait plus, à la Chambre, que de 244 sièges sur 487, soit une majorité d'à peine... une voix [48].

La réaction du Général est inattendue : « Alors, dit-il à Alain Peyrefitte, vous les avez gagnées, vos élections ! C'est dommage ! On aurait vu comment on peut gouverner avec la Constitution ! » [49] Il n'y avait, à ses yeux, pas de troisième tour de la présidentielle : les législatives, c'était l'affaire des gaullistes, pas celle de De Gaulle. Il était, précise Viansson-Ponté, « moins blessé par le demi-échec qui, après tout, atteint plus les gaullistes que leur chef que par le ballottage de 1965 » [50]. La déception n'est pas suffisante pour faire surgir la tentation du départ ; Pompidou, démissionnaire, est reconduit : à lui de se débrouiller ! Il a cinq ans pour faire ses preuves — au plus, car, dans le secret de son cœur, Charles de Gaulle songe à une échéance plus rapprochée que le terme normal de son second mandat : en 1970, il aura quatre-vingts ans.

*
* *

Cela va faire dix ans que de Gaulle est revenu au pouvoir : « La France s'ennuie », constate Pierre Viansson-Ponté dans un retentissant éditorial du *Monde*, le 15 mars 1968. Elle n'est pas la seule : de Gaulle, lui aussi, s'ennuie. Il confie à François Flohic, le 28 avril : « Cela ne m'amuse plus beaucoup ; il n'y a plus rien de difficile ni d'héroïque à faire. » [51]

N'ayant pas vu venir l'orage, il aura du mal à conjurer les premières bourrasques. Un soir de mai, les barricades surgissent au quartier Latin. La contestation étudiante a vite fait de s'étendre ; elle finira par se généraliser. Les slogans fleurissent ; l'un d'eux fait mouche : « Dix ans, ça suffit ! » Le 13 mai, une grève générale se déclenche ; de Gaulle part tout de même le lendemain pour Bucarest. Il n'a pas jugé utile d'annuler le voyage prévu en Roumanie. Il ne réagira officiellement que dix jours plus tard, par l'allocution du 24 mai annonçant le référendum sur la participation.

Entre-temps, il aura refusé la démission de Pompidou et aussi celle d'Alain Peyrefitte, ministre de l'Éducation nationale, jugé responsable par beaucoup du malaise étudiant : « On n'abandonne pas son poste en pleine bataille, lui dit-il. D'abord, gagner la guerre. Après, on verra. » [52] Une ligne de conduite valable également pour lui-même : à aucun moment, il ne connaît alors la tentation de se retirer. « D'abord, gagner la guerre. » La « chienlit » ne l'atteint pas, elle l'écœure, elle le dégoûte. Il exige que la Sorbonne et l'Odéon soient « nettoyés ».

La grève se généralise — l'inquiétude aussi. À partir du 24 mai, le désordre n'est plus circonscrit au quartier Latin. Barricades et manifestations s'étendent aux quartiers de la Nation et de la Bastille ; la rumeur se répand que les émeutiers veulent s'emparer de la Bourse. Ce soir-là, il y aura un mort sur la rive gauche, où les cortèges se trouvent pris dans un piège. De Gaulle parle, mais c'est en vain : « J'ai mis à côté de la plaque », reconnaît-il le lendemain. Il n'y aura pas de référendum.

Quatre jours plus tard, Mitterrand et Mendès France se déclarent prêts à combler « le vide du pouvoir ». Le 29, Mendès France improvise une conférence de presse au palais Bourbon : « Ce soir-là, note Viansson-Ponté, on aura atteint le fond de l'abîme. » [53] En effet : depuis la fin de la matinée, le Général a disparu. Nul ne sait où il se trouve, pas même Georges Pompidou que cette marque de défiance bouleverse : « On imagine sans peine le trouble qui me saisit », écrit-il dans ses *Mémoires* [54].

La disparition du Général a donné lieu à des interprétations contradictoires. Ici aussi, il faut tenter de s'en tenir aux faits et aux textes, c'est-à-dire, d'abord, aux

82

témoignages. Celui du principal intéressé est on ne peut plus net : « Oui, dit-il à Michel Droit, le 29 mai, j'ai eu la tentation de me retirer. » Il avait confié, quelques jours plus tôt, à Pierre Lefranc : « Savez-vous que j'ai été sur le point de partir ? » Et, comme le fidèle collaborateur se montre incrédule (« Le général de Gaulle ne serait jamais parti en abandonnant la France »), il assure : « Oh, vous savez, la France, elle se passerait volontiers de De Gaulle... » [55]

Le ressort s'était détendu entre le 24 et le 29 mai. C'est bien entre ces deux journées, comme le confirme François Goguel, que de Gaulle avait connu une fois de plus « la tentation du renoncement » [56]. Sur le moment, il est avare de confidences. Convoqué en fin de matinée pour un mystérieux voyage en hélicoptère, François Flohic s'entend simplement annoncer : « Je n'arrive plus à dormir ici. Je vais à Colombey pour me ressaisir ; prenez des cartes sans que l'on vous voie, allant plus à l'est de Colombey. » [57]

Beaucoup plus à l'est, même, puisqu'en cours de route de Gaulle dévoile aux deux pilotes militaires de l'Alouette III sa véritable destination : la résidence du chef des forces françaises en Allemagne, le général Massu [58]. Celui-ci a raconté dans un petit livre, âprement critiqué mais qu'il est difficile de récuser en bloc, comment il vit apparaître, vers 15 h 15, un vieil homme « touché et fatigué », broyant du noir, soliloquant sur le thème « On ne veut plus de moi » : « Tout est foutu, les communistes ont provoqué une paralysie totale du pays. Je ne commande plus rien. Donc, je me retire... » [59] Massu a devant lui un homme traqué, qui vient chercher refuge en Allemagne avec les siens.

Le contraste est stupéfiant avec le de Gaulle qui s'était, huit ans plus tôt, dressé avec une énergie sans faille contre les barricades d'Alger : « Il veut tout casser ! » disait alors de lui son vieux camarade Alphonse Juin. Aujourd'hui, c'est lui qui semble « cassé » et Massu a la nette impression qu'il s'est fait à l'idée de son départ définitif. Quelques mois plus tard, de Gaulle confiera à Flohic qu'il serait resté quelque temps en Allemagne, puis qu'il aurait gagné l'Irlande, terre de ses ancêtres maternels, les McCartan, avant de se rendre « beaucoup plus loin » : « De toute manière, je ne serais pas resté en France. » [60]

Plus d'une heure durant, Massu « regonfla » littéralement de Gaulle, lui déclarant notamment : « Vous êtes écœuré, mais vous en avez vu d'autres depuis 1940. Vous devez vous battre jusqu'au bout... » [61], et, en fin de compte, le persuada de regagner Paris. Aujourd'hui, il estime : « Le découragement n'était pas dans sa nature profonde. (...) Son intelligence, sa lucidité et l'expérience d'un passé d'une exceptionnelle fécondité le préservaient, à mon sens, de se laisser entraîner au découragement, mais ses propos pouvaient être très pessimistes. » [62]

Ce n'est pas l'avis de Georges Pompidou, pour qui « le Général avait eu une crise de découragement » : « Croyant la partie perdue, il avait choisi le retrait », écrit-il dans ses *Mémoires* [63]. Il confiera d'ailleurs un peu plus tard à son Premier ministre : « Pour la première fois de ma vie, j'ai eu une défaillance, je ne suis pas fier de moi. » Et, en novembre 1968, à Suzanne Massu : « Madame, c'est la Providence qui a bien voulu m'envoyer à Baden et (...) a permis que j'y trouve votre mari (...). Il m'a convaincu de rester à un moment où j'étais indécis et, par là, tout a changé. » [64]

Et cependant, même « regonflé » par Massu, de Gaulle, selon François Flohic, redoutait encore que le Conseil constitutionnel — pourtant présidé par l'ultra-fidèle Gaston Palewski — ne prononçât sa déchéance [65], et ce ne fut qu'une fois de retour à la Boisserie, en fin d'après-midi, que ses alarmes s'apaisèrent. Hostile à la thèse selon laquelle le Général aurait « perdu les pédales » le 29 mai, Flohic rapporte néanmoins ce propos tenu par de Gaulle à Massu le 8 novembre : « J'étais près de m'en aller. » [66]

L'espace d'un après-midi, il y avait eu ce qui ressemble fort à une vacance du pouvoir. L'escapade de Baden fut parfois qualifiée de nouvelle fuite à Varennes, mais, contrairement au malheureux Louis XVI, c'est en homme libre et de son plein gré que de Gaulle regagna Paris, bien décidé à reconquérir son pouvoir ébranlé :

« Une fois de plus, je me suis résolu », dit-il à Michel Droit. À la fin de cette terrible année, Flohic l'entend cependant dire à plusieurs reprises : « Cela ne durera pas longtemps ! » [67]

*
* *

Jamais départ ne fut plus clairement et énergiquement annoncé que celui du 27 avril 1969.

On avait officiellement appris, le 19 février, que le référendum sur la régionalisation et sur la réforme du Sénat aurait lieu à la fin d'avril. De Gaulle avait renoncé à faire prévaloir par la voie de l'appel au peuple sa grande idée de la participation sociale, mais il avait besoin d'un « nouveau sacre » (J. Lacouture). Sa légitimité avait été durement éprouvée par les événements de mai et, tout récemment, par l'annonce prématurée faite par Georges Pompidou de sa candidature éventuelle à l'Élysée.

L'affaire se présente mal : comme en 1962, le Sénat et son nouveau président suscitent immédiatement une opposition énergique à ses projets. Sans doute lui faudrait-il disposer d'encore un peu de temps. Il demande à Roger Frey, secrétaire général du parti gaulliste :

— Ce référendum, pouvons-nous le gagner ?

— Je ne crois pas, mon général.

— Alors, est-il possible de le reporter ?

Frey demande quelques minutes de réflexion avant de répondre :

— Je ne crois pas possible de surseoir. Il y va de votre réputation de démocrate. [68]

C'est la réponse que de Gaulle attendait. Les dés sont jetés. Le Général écoute les mises en garde de Maurice Couve de Murville, Premier ministre, de Raymond Marcellin, ministre de l'Intérieur, et de Michel Debré. Celui-ci écrit dans ses *Mémoires* : « Il propose un référendum. C'est une fausse manœuvre. (...) Depuis qu'il en a été question, je sais qu'à moins d'un miracle, il sera perdu. » [69] Bernard Tricot admet aujourd'hui : « C'était une erreur. Il en a voulu à Pompidou et s'en est voulu à lui-même. » [70] Mais il s'estime trop avancé pour reculer.

Le 10 avril, dans un entretien télévisé, l'éternel Michel Droit ose lui demander si ce référendum est « opportun » et « souhaitable ». De Gaulle persiste, en liant explicitement la réponse positive à la poursuite de son mandat : une réponse négative, annonce-t-il, entraînerait son départ immédiat. Il se sent, il se sait battu d'avance — et il n'a nul besoin des indications données par les sondages pour en avoir la quasi-certitude : « Nous allons être battus », assure-t-il à Maurice Schumann [71]. À son aide de camp, il confie : « Vous savez bien, Flohic, qu'il ne faut pas se nourrir d'illusions. » [72] À Henry Rey, président du groupe gaulliste à l'Assemblée : « Ce référendum est perdu et je partirai. » Et à Edmond Michelet : « Ce sera une belle sortie. » [73] Couve de Murville déclare à Jean Mauriac : « Dans sa raison, le Général savait un mois avant que tout était terminé. Dans son cœur, il a espéré jusqu'au bout. » [74]

Giscard d'Estaing et les centristes le lâchent. Le 17 mars, le Conseil d'État a émis un avis défavorable sur le projet de loi référendaire. Onze mois plus tôt, de Gaulle avait eu conscience d'avoir « misé à côté de la plaque » ; cette fois, après sa dernière allocution télévisée, il confie à Joël Le Theule, ministre de l'Information : « Tout est foutu. » [75]

Pierre-Louis Blanc trouve l'atmosphère « tendue, voire déchirante » :

« Le Général, avec plus de lenteur et de solennité qu'à l'habitude, s'avance vers les techniciens de la télévision et, dans un silence de mort, leur tend la main, prenant grand soin de n'en omettre aucun. Il fait de même avec les différentes personnalités qui se trouvent là. » [76]

Le 25, au début de l'après-midi, il prend la route de Colombey, ordonnant que l'on emportât des bagages beaucoup plus importants que d'habitude. Le déménagement de l'Élysée a commencé.

Deux jours plus tard, le verdict tombe, dépourvu d'équivoque : 53,17 % de « Non ». Peu après minuit, de

Gaulle fait officiellement connaître qu'il cesse d'exercer ses fonctions à compter du 28 avril, à midi.

Très vite, l'hypothèse du « suicide politique » est évoquée — confortée, il faut bien l'admettre, par la certitude que de Gaulle avait de sa défaite. « Si c'est un suicide, remarque Viansson-Ponté, c'est la roulette russe : cinq chances sur six, espère-t-il en secret, d'en sortir vivant et grand. La sixième, la mauvaise chance, tant pis, elle a ses avantages. » [77]

L'image de la « roulette russe » est également utilisée par Jean-Jacques Candy et Marie-Josèphe Roussel : « Il semble bien qu'en définitive, tout se soit passé (...) comme si, dans cette partie de roulette russe où le barillet avait inexorablement conduit la balle fatale dans le canon, un espoir désespéré lui avait permis d'attendre la détonation avec espérance et sérénité. » [78]

Mais qu'est-ce qu'un « espoir désespéré » ? À soixante-dix-neuf ans bientôt, quelles chances y a-t-il pour que de Gaulle revienne à nouveau au pouvoir ? Il se trouvait déjà trop vieux en 1958... Malraux a rapporté à Jacqueline Baudrier, qui l'interviewait en mars 1971 sur les ondes de France-Inter, la réponse du Général à la question : « Pourquoi êtes-vous parti sur un référendum épisodique ? » — « En fait, aurait expliqué de Gaulle — pastichant Malraux ! —, parce que c'était absurde et que, plus c'était absurde, plus il était clair que le problème n'était pas là. » [79]

Si le propos est authentique, du moins dans son sens général plus que dans son exactitude littérale — qui paraît douteuse —, il tendrait à montrer que, s'il ne peut être considéré comme un « suicide politique » à proprement parler, cet étrange référendum perdu d'avance peut apparaître comme une tentative d'apprivoiser la mort prochaine : « Avons-nous affaire, interrogent Candy et Roussel, à une sorte de défi envers la mort dont il ressent l'issue prochaine et, par là même, à un extrême sursaut pour en reculer l'échéance en tirant du consensus populaire la force de poursuivre ? » [80]

Bien entendu, les « compagnons » sont, dans l'ensemble, unanimes à rejeter l'idée du « suicide politique », jugée sacrilège : « Au contraire, argumente Yves Guéna, ce référendum était, dans l'esprit du Général, le tremplin pour un nouveau départ. » [81] François Flohic analyse cette consultation comme «la tentative désespérée de renouer les rênes du pouvoir rompues en mai de l'année précédente et, surtout, comme une chance donnée aux Français de revenir sur leur abandon d'eux-mêmes » [82].

René Brouillet repousse, lui aussi, l'idée du «suicide politique», l'échec s'expliquant en grande partie par la complexité du texte mis au point par Jean-Marcel Jeanneney : « Ce qui est étonnant, assure René Brouillet, c'est que le Général ait avalisé ce texte. » [83] « Un texte absurde », renchérit Pierre Messmer. Mais, pour l'ancien Premier ministre, ce référendum est «objectivement» un suicide politique : « Il avait l'espoir d'obtenir un oui, mais il n'a rien fait pour changer le cours des événements. » [28] L'historien René Rémond juge cette thèse peu convaincante : même si de Gaulle avait prévu l'échec du référendum, il croyait «sincèrement» à l'utilité de la réforme : « D'autre part, il n'était pas désireux de quitter le pouvoir, mais il n'entendait pas non plus s'y maintenir à n'importe quel prix... » [84]

On glosera longtemps encore, mais le mot de la fin pourrait bien appartenir au Général lui-même : « Au fond, confie-t-il à Flohic, je ne suis pas mécontent que cela se termine ainsi. Car quelles perspectives avais-je devant moi ? Des difficultés qui ne pouvaient que réduire le personnage que l'Histoire a fait de moi et m'user sans bénéfice pour la France. » [85] C'est une nouvelle mission qu'il se fixe pour ses dernières années : se montrer à la hauteur de l'Histoire, témoigner pour l'Histoire. Un autre de Gaulle pourrait apparaître, qui ne dérouterait pas moins que les précédents, un de Gaulle qui aurait définitivement — et pour la première fois — renoncé au pouvoir, non à la sagesse.

« Le comportement de fuite, remarque Henri Laborit, est la preuve d'une compréhension lucide d'un événement inévitable et peut demander beaucoup d'imagination et de créativité. » [3]

À condition, bien sûr, de ne pas se laisser submerger par l'amertume...

CHAPITRE IV

La tentation du suicide

Retiré à Colombey, Charles de Gaulle ne voudrait songer qu'à la survie de son œuvre politique. Il faut, estime-t-il, sauver ce qui est « sauvable », afin de préparer l'avenir. « Un jour, plus tard, dit-il à un familier, il y aura un mouvement, une vague dans le pays, qui s'appuiera sur ce que j'aurai fait. »[1] Il est clair, à ses yeux, que cette survie passe par l'explication de son action, c'est-à-dire par l'entreprise des *Mémoires d'Espoir*. « J'espère, dit-il à son fils, que j'aurai le temps d'écrire mes *Mémoires,* car ils couvrent une période importante, mais en même temps très complexe à expliquer aux Français. »[2] Philippe de Gaulle explique : « Il s'inquiétait de ne plus avoir le temps de terminer ses *Mémoires.* C'était une véritable préoccupation. (...) Du matin au soir, il s'attachait à écrire et à écrire. »[3] Le 29 décembre 1969, de Gaulle confiait à un correspondant : « Je suis actuellement plongé dans le difficile travail de mes *Mémoires.* Aurai-je le temps de les finir ? »[4] Il disait, à la même époque, à son neveu Bernard de Gaulle : « Il faudrait que Dieu m'accorde quelque cinq années pour en venir entièrement à bout ! »[5] Le point d'exclamation ressemble fort à un point d'ironie : ces cinq années, il sait bien qu'il ne les aura pas.

Ce travail quotidien, acharné, constitue désormais sa principale raison de vivre. La crainte de disparaître avant d'avoir fini cette tâche considérée comme sacrée est régulièrement exprimée. S'agirait-il d'une frénésie ? Il ne le semble pas, du moins si l'on se fie à ce propos tenu à Malraux : « Personne ne s'impose une discipline d'oisiveté, mais c'est indispensable. La vie n'est pas le travail : travailler sans cesse rend fou. (...) Vouloir le faire est mauvais signe. »[6]

La tentation du départ, en revanche, ne l'a pas abandonné. Jacques Chapus a calculé que de Gaulle avait quitté la Boisserie cent soixante fois en dix-huit mois, non seulement pour assister à la messe dominicale (55 fois), mais pour aller chez des parents, des amis, d'anciens domestiques, pour se rendre chez son dentiste à Chaumont (six fois), ou, tout simplement, pour aller pique-niquer dans la région (sept fois) et, une fois, le 11 novembre 1969, pour un pèlerinage à Verdun — sans oublier les deux importants séjours en Irlande et en Espagne. Assurément, cette retraite n'est pas celle d'un vieillard inactif[7].

Depuis son départ de l'Élysée, il ne s'était guère manifesté. Tout en souhaitant — en privé — la victoire de Georges Pompidou à l'élection présidentielle, il s'était abstenu d'intervenir dans le débat. Apprenant par François Flohic que les gaullistes intransigeants s'efforçaient de mettre sur pied une candidature René Capitant, il laisse tomber : « Je m'en moque ; je ne veux rien savoir de ces choses-là. »[8] Lors des deux échéances électorales du printemps (la présidentielle de mai et les législatives de juin), il se trouve en Irlande, afin de bien montrer au « peuple français » qu'il n'est pour rien dans ce qui arrive, qu'il n'y a aucun rôle, qu'il n'y exerce aucune influence. La ligne est fixée une fois pour toutes : quoi qu'il puisse arriver, de Gaulle ne dira rien, ne fera rien, ne prendra aucune position. Ce « ponce-pilatisme » hautain est fondé sur une conviction inébranlable : même si Pompidou l'emporte — ce qui n'est pas sûr, au soir du premier tour — « le glissement de la France vers la médiocrité va se poursuivre .. »[9] Alors...

Le découragement le rejoint parfois dans son refuge le plus intime, l'écriture des *Mémoires d'Espoir* : « Ça ne marche pas aussi bien qu'avant, confie-t-il à son fils, ça m'est plus pénible. » [3] Philippe de Gaulle parle, lui aussi, de sa « grande tristesse », de son « grand chagrin » [10]. Apparemment, il ne souffre d'aucune maladie grave et il n'est d'ailleurs pas médicalement suivi. Des examens réguliers eussent très probablement décelé l'anévrisme menaçant, tant il est vrai qu'« un anévrisme aortique athéromateux s'inscrit toujours dans un contexte général d'artériosclérose » [11]. Apparemment, il ne s'attend pas à disparaître avant l'âge atteint par son père, qu'il fixe, inexactement, à quatre-vingt-quatre ans dans sa dernière conversation avec son fils : « Aurai-je encore quatre ou cinq ans pour mener à bien ce travail ? » répète-t-il, à la fin de septembre 1970, à Philippe. [2] Pas de « point d'ironie », cette fois : le mode interrogatif est révélateur d'une inquiétude fondamentale. Chaque fois qu'ils prenaient congé de lui, enfants et petits-enfants avaient la triste impression de le quitter comme s'ils ne devaient jamais le revoir.

« Si Dieu me prête vie... », soupire souvent Charles de Gaulle. L'expression est familière et n'incite guère à la réflexion philosophique. La mort demeure une idée abstraite ; la façon d'en parler est sans doute destinée à la rendre moins effrayante, à l'apprivoiser, à en éloigner le spectre — comme s'il était possible d'en repousser l'échéance. En ce sens, Philippe de Gaulle a raison de dire qu'il n'y a pas chez son père d'obsession, de hantise. Mais c'est, dans une certaine mesure, jouer sur les mots : d'avril 1969 à novembre 1970, la mort est la compagne la plus familière du Général. Elle est constamment présente et point n'est besoin de dialoguer avec elle, ni même d'y penser tout le temps. Elle est là, voilà tout. Durant toute la traversée du désert, il avait, à l'intention du préfet Rix, paraphrasé Chateaubriand : « Ce n'est pas tout de naître, de vivre... il faut mourir aussi. Dieu choisit l'heure pour chacun de nous... c'est mieux ainsi... » [12]

*
* *

Lorsque André Malraux arrive à la Boisserie, le jeudi 11 novembre 1969, il découvre un homme en bonne forme apparente. Il rapportera de sa journée — en réalité, quelques heures — à Colombey un livre célèbre, à juste titre puisqu'il est le plus brillant et le plus psychologiquement fidèle qui ait jamais été consacré à de Gaulle : *Les Chênes qu'on abat* [13]. Imaginaire ou non — probablement très largement «arrangé» —, le dialogue de Gaulle-Malraux, tel que le visiteur l'a restitué, contient certainement des phrases qui ont bien été prononcées. Par exemple, celle-ci : « Malraux, au fond, de vous à moi, est-ce la peine ? » [14] Le Général montre le dernier feuillet des *Mémoires d'Espoir* qu'il vient d'écrire et ajoute : « Pourquoi écrire ? » À quoi Malraux répond : « Et pourquoi vivre ? » Et de citer le *Bhagavad-Gita*, le plus grand texte sacré de l'Inde : « Et à quoi sert le pouvoir, à quoi sert la joie — À quoi sert la vie ? » [14] Malraux, l'agnostique converti à l'Orient extrême, ne prétend certes pas que la vie n'ait pas de sens, il se contente de poser la question : « Pourquoi faut-il que la vie ait un sens ? » Il tente de convaincre de Gaulle, mais il a fort à faire ! Il n'obtient qu'un écho (qu'il qualifie lui-même d'«ironique et peut-être amer ») : « Pourquoi faut-il que la vie ait un sens ? » [15]

Visiblement, ce jour-là, de Gaulle n'a pas très envie d'aller au fond des choses. Il laisse cela au chat des chartreux, son familier, en compagnie duquel il travaille. [16] Il préfère le terrain du badinage philosophique, digne d'un élève de terminale (Malraux y est habituellement sublime) : « La mort, vous savez ce que c'est ? » demande-t-il. On imagine le pétillement de son regard à ce moment-là, l'avidité avec laquelle il guette la réponse. Tout autre que Malraux répondrait par une banalité, une platitude, un lieu commun de manuel — ou, à la rigueur,

94

par une citation de quelque bon auteur. Malraux choisit une jolie fleur de rhétorique : « La déesse du sommeil. » Il assure que la mort — qualifiée de « trépas », peut-être pour la rendre à la fois plus concrète et plus littéraire — ne l'a « jamais intéressé » et ajoute, s'avançant un peu : « Vous non plus. » [17]

De Gaulle n'approuve ni ne contredit. Malraux est déjà loin : à Gramat, où des Allemands ont fait mine de le fusiller, en Espagne, où il a subi un bombardement de chasseurs italiens. De Gaulle ne s'ennuie pas ; nourrie d'anecdotes, de citations, d'images fulgurantes, la conversation de Malraux est toujours un régal. On ne sait pas ce que pense le troisième larron, le chat Grigri (manifestement sorti de l'imagination du visiteur).

Malraux parle ensuite de « l'écriture ». Il cite Napoléon : « J'écrirai les grandes choses que nous avons faites ensemble. » La réponse fuse, ironique : « Il avait bien de la chance ! » Le visiteur ne fait pas que monologuer ; il observe le grand homme, dont le retrait lui apparaît comme « une suite de sa vie, une action affrontée à la solitude » [18]. Et pourtant, aujourd'hui, comme il paraît étranger à l'action ! « Il parle de la mort avec une indifférence grave », remarque Malraux, qui cite ce propos d'un proche : « Il fait ses paquets. » La conversation reprend, chaotique, éblouissante, pleine de vues élevées sur les civilisations. C'en est trop pour Grigri, qui s'éclipse. Sans doute a-t-il du mal à supporter des esprits qui lui sont si manifestement supérieurs. Et quelle culture !

À son retour à Paris, Malraux déclara avoir eu l'impression qu'une partie du Général prévoyait « une mort prochaine », à laquelle une autre partie refusait de croire : « Il était désabusé, détaché de tout, comme s'il voyait venir la fin. Il était critique, mais pas sur le ton des règlements de compte, plutôt sur celui des *qu'importe*. » [19] Ici encore, Malraux s'exprime en visionnaire plus qu'en psychologue, mais sa vision ne contredit pas la vérité psychologique.

« La question intéressante dans la vie d'un grand homme, ajoutait-il, n'est-elle pas (...) de savoir quand il dira : qu'importe ? »

Qu'importe que Pompidou réussisse ou bien échoue ? Qu'importe le sort des Français, dès lors qu'ils ne veulent plus de De Gaulle ? Qu'importe la vie ? De Gaulle n'est pas un familier de Camus, mais il connaît sans doute, comme tout le monde, la première phrase du *Mythe de Sisyphe* : « Il n'y a qu'un problème philosophique vraiment sérieux : c'est le suicide. » Lumineuse évidence. Celui qui met fin à ses jours donne une réponse immédiate à ce qui demeure la question fondamentale de la philosophie (que l'on soit de Gaulle ou un homme quelconque) : est-ce que la vie vaut d'être vécue ? La question se pose à chaque minute de l'existence. On se suicide à tous les âges — de préférence lorsqu'on est très jeune ou lorsqu'on est très vieux.

Le reste, ajoutait fort judicieusement Camus, « vient ensuite ».

*
* *

Un suicidé célèbre, Romain Gary, ancien aviateur de la France Libre et Compagnon de la Libération, remarquait : « Sans doute un homme meurt-il lorsqu'il est prêt à mourir, et il est prêt lorsqu'il est trop malheureux. Ou bien peut-être un homme meurt-il lorsqu'il ne lui reste plus rien d'autre à faire. C'est un chemin qu'un homme prend lorsqu'il n'a plus où aller... » [20] Lorsqu'il est au bout de la solitude et du découragement, lorsqu'il se trouve, selon le mot d'un proche collaborateur, « blessé jusqu'au fond de l'âme » [21].

La « blessure » du Général n'est pas niable, même si on lui donne des interprétations ou des prolongements qui diffèrent, d'un témoin à l'autre. « Mai 1968 l'avait ébranlé, insiste Xavier de la Chevalerie. Avril 1969 lui donna le coup de grâce. La souffrance qu'il en éprouva était de celles auxquelles on ne survit pas. » [22] Sans suivre forcément l'historien antigaulliste Nerin Gun, qui évoque les « extrêmes dépressions » de Charles de Gaulle pendant la guerre et même son « instabilité mentale » [23], on peut tout de même se demander si le découragement de la dernière période n'était pas autre chose qu'une ruse, une feinte, une « provocation », selon le mot de Christian Fouchet. Quittant la Boisserie sous « une neige mérovingienne », Malraux a le sentiment d'avoir vu « un homme livré depuis des mois à une vocation de solitude, face à lui-même, à un destin dont rien ne le protège plus ». Livré à quelle secrète tentation ? Malraux ajoute : « Jamais il ne m'a davantage échappé, jamais je n'ai ressenti à ce point combien ce qui le personnalise le peint peu. » [24] Malraux le « visionnaire » est en panne de vision ; le Général est devenu insaisissable, pour ses proches et peut-être pour lui-même.

« Un geste comme celui-ci, écrivait Camus, se prépare dans le silence du cœur, au même titre qu'une grande œuvre. L'homme lui-même l'ignore. Un soir, il tire ou il plonge. »

Qui peut affirmer qu'aucun homme, dans sa vie, n'a connu, une fois au moins, le désir viscéral de « tirer » ou de « plonger » ? Qui peut affirmer que ce désir ne surgira pas une nouvelle fois lorsqu'il sera devenu à nouveau trop difficile de vivre ? Et pourquoi de Gaulle échapperait-il à la tentation de « cette mystérieuse voie de fait sur l'inconnu », selon la belle formule de Hugo ? Un jour, il avait confié au préfet Rix : « Il n'est pas défendu d'avoir une préférence pour une certaine heure. Je veux dire pour les circonstances dans lesquelles se présentera une certaine heure. » [25]

Une fois au moins, n'avait-il pas donné l'impression de choisir les « circonstances » ?

C'était trente ans plus tôt, devant Dakar...

*
* *

« Et moi, dans mon étroite cabine, au fond d'une rade écrasée de chaleur, j'achevais d'apprendre ce que peuvent être les réactions de la peur, tant chez des adversaires qui se vengent de l'avoir ressentie, que chez des alliés effrayés soudain par l'échec. »[26]

La peur chez les autres — et pour lui-même, tout autre chose, de beaucoup plus accablant encore... Quelques rares témoins ont approché de Gaulle durant l'épisode le plus douloureux de sa vie publique : l'échec de Dakar, dont la France Libre et son chef faillirent ne pas se relever. Blessé lors des combats, le capitaine de frégate Thierry d'Argenlieu reçoit la visite de son chef, le 26 septembre 1940, dans sa cabine de l'aviso *Duboc* : « Il souffrait à l'intime et durement de l'échec aujourd'hui consommé, raconte Thierry d'Argenlieu ; le marquant à peine, il se taisait. » Soudain, et à sa grande surprise, il entend ce qui ressemble fort à « une plainte » :

— Si vous saviez, commandant, comme je me sens seul !

D'Argenlieu lui rappela qu'il était entouré d'hommes dévoués, prêts à tout pour l'aider dans sa mission ; de Gaulle se contenta de sourire. Il ne sortit enfin de son silence que pour s'écrier :

— Croyez-vous vraiment que je doive continuer ?

D'Argenlieu protesta à nouveau ; à nouveau, de Gaulle ne jugea pas utile de répondre. « Combien précieux l'épisode, inoubliable la fugue en un cellier secret ! » conclut d'Argenlieu, quelque peu elliptique[27].

Un autre proche, Geoffroy de Courcel, entend pour la première fois de Gaulle user de l'image de la pluie de tuiles sur la tête durant un séisme, reprise dans les *Mémoires de Guerre*. Mais, dès le lendemain, ajoute Courcel, il avait retrouvé « le goût de l'action »[28]. C'est à un troisième compagnon, René Pleven, que de Gaulle va se laisser aller à cette extraordinaire confidence : « J'ai passé par un moment terrible. J'ai songé à me brûler la cervelle. »

Cette phrase a été, une première fois, rapportée par Raymond Tournoux dans son *Pétain et de Gaulle* en

1964 [29]. L'auteur s'abstenait alors de citer sa source ; il se contentait d'ajouter que le colonel Passy aurait vu de Gaulle « pleurer de lourdes larmes » à l'évocation de la tragédie de Dakar [30].

Ce ne fut que dans un ouvrage postérieur, *Jamais dit,* paru sept ans plus tard, que Tournoux cita le nom de Pleven en maintenant le propos prêté au Général [31].

Celui-ci est démenti, souvent avec virulence, par les compagnons et les proches du Général. Ainsi le général de Boissieu estime que, si Raymond Tournoux était « un journaliste de talent », ce n'était pas un historien digne de foi : « Il écrivait des choses pour faire plaisir aux uns et aux autres, même si cela était inexact, *pour gagner beaucoup d'argent* ! [32] Le Général n'avait, en définitive, aucune estime pour lui. (...) Cette légende du suicide éventuel le soir de Dakar est *totalement fausse.* » [33] De Gaulle aurait confié à son gendre : « Ces gens de Vichy sont si minables et si menteurs qu'ils ont fait courir le bruit... »

Le général Massu n'accorde, lui non plus, aucun crédit à la phrase rapportée par Tournoux : « J'estime que cette éventualité était très improbable, ajoute-t-il, mais j'ai su qu'il avait fallu du temps au Général pour se remettre de son échec de Dakar et que Leclerc l'y avait aidé. » [34]

En revanche, Robert Poujade, qui a « bien et amicalement connu » Raymond Tournoux, se montre plus nuancé : « Le propos a pu être authentique, déformé, imaginaire. Il peut relever de ces mots que le Général lançait parfois dans le feu de l'action ou sous le coup de l'émotion. » [35]

Même souci de n'accabler personne chez deux hommes d'Église : Le RP Lacoin, ancien aumônier de la flotte française libre devant Dakar : « Il m'est évidemment impossible d'affirmer qu'il [de Gaulle] n'a jamais songé à mettre fin à ses jours (...). Mais je puis évoquer quelques souvenirs qui me donnent (...) la certitude que le chef des Français Libres n'a pu, à aucun moment, envisager pareille issue. » Et le chanoine Bourgeon, ancien aumônier de la IVe Division cuirassée, que commandait le colonel de Gaulle au printemps 1940 : « Charles de Gaulle était toujours pénétré du sens de sa mission (...). Il avait une confiance absolue, instinctive, en son destin, et l'idée même d'une faiblesse devant le devoir lui était totalement étrangère. (...) Mais sa personnalité était plus complexe que beaucoup ne l'imaginent. (...) Il me semble possible de l'imaginer, après l'échec de Dakar, s'interrogeant sur la légitimité de son action. Qu'il ait, dans ces conditions, envisagé de renoncer à sa mission, c'est possible, peut-être. Mais qu'il ait, si peu que ce soit, songé à se supprimer, non, non. »

Ces deux témoignages ont été publiés par l'encyclopédie *En ce temps-là de Gaulle* [36], qui citait dans la même livraison des propos tenus à la télévision par Philippe de Gaulle, selon lequel le suicide était « absolument opposé à l'homme et à l'espoir qui l'a toujours habité, et à sa façon de penser, à sa métaphysique, à son éthique ».

La réponse de Raymond Tournoux parut dans le numéro 32 de l'encyclopédie. Il y réaffirmait la teneur des propos rapportés par René Pleven et ajoutait : « Je ne sais si le chef de la France Libre a réellement songé à se brûler la cervelle en septembre 1940 : la tentation de la mort ne signifie pas nécessairement qu'on se montre prêt à y succomber. » Interrogé à son tour, enfin, René Pleven mettait un terme pour le moins ambigu à une querelle d'un mince intérêt historique mais d'une certaine importance pour l'intelligence intime de l'homme de Gaulle. Celui qui était alors un des principaux hommes de confiance du Général ne démentait pas que le propos avait bien été tenu — et sur ce point la querelle tournait à l'avantage de Tournoux — mais il se livrait à cette exégèse :

« Ce qu'il a voulu me faire comprendre, c'est que, si l'homme qu'il était avait pu envisager cette hypothèse, et d'ailleurs pour la rejeter, c'est que la déception qu'il avait ressentie, l'épreuve qu'il avait traversée alors avaient été effroyables. C'était pour que je sache le choc terrible que Dakar avait été pour lui (...).

« Le général de Gaulle n'était pas le roc insensible que certains ont cru. L'une de ses grandeurs était de surmonter et de ne pas laisser paraître ses sentiments, ses émotions, parce qu'il estimait que c'était son devoir de chef. S'il a jamais connu la tentation du désespoir, ce fut pour l'écarter et c'est, me semble-t-il, un contresens que d'interpréter autrement ses propos. » [36]

Autrement dit : de Gaulle avait bien connu la tentation d'en finir devant Dakar, mais il l'avait repoussée. Ce qu'il n'était évidemment pas besoin de démontrer, puisqu'il était toujours en vie trente ans plus tard... Si «contresens» il y a, observons en tout cas que Pierre-Louis Blanc ne le rejette pas formellement lorsqu'il écrit, à propos de Dakar, que de Gaulle «fut, semble-t-il, hanté par l'idée du suicide» [37].

La tendance actuelle de l'historiographie gaulliste est de diminuer le traumatisme subi par le Général en septembre 1940, en amoindrissant la portée de l'échec de Dakar : «Dakar : un coup dur», assure le général Buis. [38] «Une autre opération était de toute façon prévue sur l'Afrique Équatoriale», rappelle Philippe de Gaulle. [39]

*
* *

Lorsque l'on demande aux proches si de Gaulle était homme à mettre fin à ses jours, la réponse fuse, souvent accompagnée d'un sourire ou d'un éclat de rire : « Ce n'était pas le genre » (Pierre Lefranc) ; « Non, absolument pas » (Bernard Tricot) ; « Je ne crois pas que le Général aurait pu se laisser mourir et encore moins mettre fin à ses jours » (Massu) ; « Certainement pas, car il estimait pouvoir être utile à la France... en écrivant » (Jean-Marcel Jeanneney) ; « Invraisemblable » (Philippe de Gaulle).

Formulée aussi abruptement, la question paraît blasphématoire : un homme de la stature de Charles de Gaulle pouvait-il céder à ce qui apparaît généralement comme une lâcheté, comme le moyen radical d'échapper à une condition trop dure à supporter ? Cette argumentation en deux points pèche précisément sur ces deux points :

1) Depuis l'Antiquité, nombreux sont les penseurs, les philosophes, les intellectuels à, sinon prôner, du moins ne pas mépriser le suicide, non par goût morbide ou par défi, mais parce que, selon la célèbre formule de Montaigne, « philosopher, c'est apprendre à mourir » : « La philosophie nous ordonne d'avoir la mort toujours devant les yeux, de la prévoir et considérer avant le temps et nous donne après les règles et les précautions pour pourvoir à ce que cette prévoyance et cette pensée ne nous blessent... » [40]

2) L'idée selon laquelle le suicide serait un signe de faiblesse ou de lâcheté est largement contredite par des exemples illustres : les martyrs chrétiens des premiers siècles, telles sainte Pélagie ou sainte Apolline, qui se donnèrent la mort pour échapper au viol ; les résistants de la Seconde Guerre mondiale qui, tels Jacques Bingen ou Pierre Brossolette, se suicidèrent par crainte de trahir des camarades de combat...

« En temps de guerre, où le précepte *Tu ne tueras point* n'est pas appliqué, observe l'abbé René Laurentin, comment condamner celui qui tourne l'arme de guerre contre lui-même afin de ne pas livrer à la mort ses propres compagnons d'armes ? » [41]

Délégué du Comité Français de Libération Nationale pour la zone Sud et continuateur de Jean Moulin, l'ingénieur des Mines Jacques Bingen fut arrêté le 13 mai 1944 à Clermont-Ferrand ; évadé, puis repris, il allait être soumis à la torture lorsqu'il avala une capsule de cyanure. Prévoyant quelques semaines plus tôt que la France allait bientôt connaître « une grande, sanglante et merveilleuse aventure » et que lui-même risquait d'y laisser sa vie, il écrivait alors : « Que les miens, mes amis, sachent combien j'ai été prodigieusement heureux pendant ces derniers huit mois. Il n'y a pas un homme sur mille qui, durant une heure de sa vie, ait connu le bonheur inouï, le sentiment de plénitude et d'accomplissement que j'ai éprouvés pendant des mois. » À cet homme-là, il est manifestement impossible de prêter faiblesse ou lâcheté, pas plus qu'à Pierre Brossolette, important responsable du BCRA en France occupée, arrêté à Audierne en février 1944, transféré à Paris dans les locaux du SD, avenue Foch, longuement torturé et qui, le 22 mars suivant, choisit de se jeter par la fenêtre.

Plus près de nous, la « République gaullienne » fut un instant bouleversée par le suicide d'un compagnon, partagé entre son devoir de fidélité et, sinon son honneur d'homme libre et de soldat, du moins une certaine exigence morale, qu'il tenta, non sans ingénuité, de définir dans la lettre d'adieu adressée à de Gaulle. Président de la Cour militaire de Justice, le général Edgar de Larminat avait été hospitalisé en juin 1962 au Val-de-Grâce, à la suite d'un malaise cardiaque. Revenu chez lui, il se tirait peu après un coup de pistolet dans la bouche.

« Je n'ai pas pu, physiquement et mentalement, accomplir le devoir qui m'était tracé, avait-il écrit à de Gaulle. Je m'en inflige la peine, mais je tiens à ce qu'il soit su que c'est ma faiblesse et non votre force et votre lucidité qui sont en cause. » [42]

La CMJ remplaçait le Haut Tribunal militaire, une juridiction d'exception qui avait eu le tort d'éviter le poteau d'exécution au général Salan, chef suprême de l'OAS condamné à la détention perpétuelle le 23 mai. Le « devoir » de la nouvelle juridiction était clair : toute clémence déplacée lui était interdite. Gaulliste depuis 1940, Larminat l'avait accepté, mais son cœur l'avait trahi : « Larminat avait vieilli, explique Yves Guéna, il se sentait diminué (...). Affronter l'épreuve des audiences, face aux avocats, au public, à la presse, lui paraissait au-dessus de ses forces et, en soldat, il en tira pour lui-même toutes les conséquences. » [42]

Une autre version courut parmi les rangs gaullistes, où ce général brillant mais non conformiste n'avait pas bonne presse. Il avait, résume sobrement Jean Lacouture (qui se fait l'écho du général Buis), décelé en lui « des défaillances mentales qui risquaient de fausser son jugement »[43]. En d'autres termes, Larminat s'était tué parce qu'il sentait sa raison vaciller ! Quelles qu'en fussent les raisons profondes, ce suicide-là ressemblait fort à l'ultime geste du samouraï désespéré de ne pas être à la hauteur de la mission confiée par l'empereur.

Sans doute s'agit-il là de cas limites, mais ils suffisent à rendre obsolète toute condamnation de principe.

*
* *

« C'est digne de l'antique ! » s'était écrié René Capitant en apprenant la mort volontaire de Larminat. Sans remonter à l'Antiquité gréco-romaine, qui exaltait — sous certaines conditions — le suicide, il faut rappeler que l'Église primitive ne prohibait pas formellement le fait d'attenter à ses jours. Certes la loi mosaïque affirme : « Tu ne tueras point », mais les grands suicidés de la Bible (Samson, Saül, Abimelech, Architophel, Éléazar, Razis) ne sont pas condamnés, bien au contraire : « Il choisit noblement de mourir », lit-on dans le *Livre des Macchabées* à propos du malheureux Razis cerné par l'ennemi et désireux d'échapper aux « outrages indignes de sa noblesse » qui n'eussent pas manqué de lui être infligés.

En outre, le « Tu ne tueras point » a longtemps été considéré comme ne visant pas ceux qui ont l'intention de se tuer. Allant plus loin et se fondant sur un mot du Christ rapporté par Jean : « Personne ne m'enlève la vie mais je la livre de moi-même »[44], Tertullien ne fait-il pas, au IIIᵉ siècle, de Jésus un adepte du suicide ? Vision hérétique sans aucun doute, puisque le Christ, s'il a bien donné sa vie, ne s'est nullement donné la mort.

L'Église ne mit pas moins de quatre siècles à porter contre le suicide une condamnation absolue. « La sévérité de l'Église romaine, explique Henri Fesquet, remonte à saint Augustin en réaction contre le manichéisme, qui institutionnalisait le suicide. Ce père de l'Église se référait à Platon, aux yeux duquel le citoyen, esclave de la Cité, n'avait pas le droit de disposer de lui-même. » [45] Augustin avait été précédé par un rhéteur latin du IVe siècle converti au christianisme, Lactance, qui formula la première condamnation.

La tradition chrétienne, officialisée par le concile d'Arles en 452, procède de ce double interdit ; elle se prolongera dans toute sa rigueur jusqu'à la Révolution. Le suicide cesse d'être un délit (en France, mais non en Grande-Bretagne) en 1789, mais le droit canon ne relâche pas sa sévérité : un homme coupable de cet « attentat contre Dieu, contre la société, contre soi-même » est privé d'obsèques religieuses. Cette attitude indignait Charles de Gaulle, qui, relève Pierre Messmer, n'a pour sa part jamais condamné le suicide. Il était sans doute, sur ce point, plus proche des protestants qui voient dans le suicide « une forme sans doute outrancière mais très réelle de la liberté individuelle, liberté qu'il convient de respecter même si on la trouve choquante » [46].

Si l'Église catholique n'a pas fondamentalement changé de position sur le fond, elle a évolué : de plus en plus, le suicide tend à être considéré comme la conséquence d'un mal de vivre, sinon d'un psychisme perturbé, et non comme un crime. Les suicidés ont cessé d'être l'objet d'un ostracisme de plus en plus difficile à faire admettre. La pensée moderne, appuyée sur l'Histoire, s'est affinée : tous les suicides ne sont pas fondés sur le désir de mort. Les suicides par le feu ou les grèves de la faim illimitées sont destinés à protester contre une oppression jugée totalitaire. N'est-ce pas le moment de rappeler cette autre parole du Christ : « Il n'y a pas de plus grande preuve d'amour que de donner sa vie pour ceux qu'on aime » [45] ?

Dans un autre ordre d'idées, ne peut-on estimer que l'intégrité corporelle ne doit pas, raisonnablement ni même religieusement, être considérée comme un bien suprême ?

Le débat n'est pas près d'être clos, mais il mérite d'être abordé avec le souci de ne pas choquer des convictions respectables, de ne pas oublier l'Histoire et d'essayer de mettre les idées au service de l'homme et de la vérité, et non l'inverse.

*
* *

La plupart des biographes de Charles de Gaulle ont souligné la dualité entre l'homme et le personnage historique. « Le général de Gaulle, personnage historique, disait Malraux à Roger Stéphane, n'est pas le même que le général de Gaulle réfléchissant sur la mort. » [47] Étudiant l'influence de la personnalité de Charles de Gaulle sur sa politique canado-québécoise, Dale C. Thompson distingue la « personnalité privée » (« celle de Charles ») et la « personnalité publique » (« celle du général de Gaulle ») ; de leur coexistence et de leur confrontation permanente naît la contradiction entre une vision positive, optimiste, et un « pessimisme intermittent ». Reçu un jour à l'Élysée, l'intuitif Jean Guitton a la curieuse impression de se trouver devant « deux personnes sans communication, l'une qui se pensait éternelle, l'autre qui était comme tout le monde » [49].

C'est le de Gaulle « comme tout le monde » qui, écrivant à sa femme le 25 août 1944, signait : « Ton pauvre mari » — le même qui, dans ses *Mémoires de Guerre,* décrivait ainsi son état d'esprit après un retentissant discours à l'Albert Hall de Londres : « Et moi, pauvre homme ! aurai-je assez de clairvoyance, de fermeté, d'habileté, pour maîtriser jusqu'au bout les épreuves ? » [50] Étonnante inquiétude chez un homme qui passe pour être si sûr de lui-même. Dans l'avion qui le ramène du

Québec en juillet 1967, il confie à l'ambassadeur Jean-Daniel Jurgensen : « Il y a le de Gaulle qui est moi, à cette table, le pauvre homme de Gaulle, et puis il y a le de Gaulle dont on attend l'Histoire. » [51]

On ne s'est sûrement pas assez demandé si les deux de Gaulle n'éprouvaient pas quelques difficultés, de plus en plus grandes, à coexister. Il faut, en tout cas, se résoudre à cette évidence : Charles de Gaulle est un sceptique qui ne cesse de juguler son scepticisme, un pessimiste qui se fait un devoir d'être optimiste, « un désespéré captif de l'espoir des autres », selon la formule de Pierre Rossi. [52]

Cela suffit-il à faire de lui un « chrétien nietzschéen » [53] ?

La définition est paradoxale mais séduisante. De Gaulle a beaucoup lu Nietzsche, cité dans *La Discorde chez l'ennemi* et dans *Le Fil de l'épée* ; il y a puisé le thème de *l'éternel retour du même*, une certaine inclination pour le nihilisme qui, si l'on en croit Raymond Tournoux, lui fait placer sur sa table de travail cette citation de *Ainsi parlait Zarathoustra* : « Tout est vain, tout est égal, tout est révolu » [54], et sa grande idée d'exigence à l'égard de soi-même, l'un des fondements de sa philosophie du commandement, qu'il faut peut-être rapprocher de la nécessité de « vivre dangereusement » chère à Nietzsche. [55]

Proche de la dernière période, François Flohic affine l'analyse dans un sens que n'eût pas désavoué Malraux : « Le Général avait parfois une attitude un peu nietzschéenne face à la mort, disant : Pourquoi le déroulement de cette vie ? Pourquoi la vie ? Rien ne sert de vivre ! » [56] Mais l'ancien aide de camp, auquel se référait Tournoux, s'empressait de préciser que cette approche nietzschéenne était tempérée par le « sentiment chrétien ». Ainsi de Gaulle aurait bien été un être double : nietzschéen, maître de lui-même, apte à dépasser l'humaine condition, et chrétien et, en tant que tel, soumis à la toute-puissance divine.

La distinction paraît trop subtile à Jules Roy. De Gaulle était-il plus nietzschéen que chrétien ? Peu importe ! Ce qui est sûr, affirme avec force le romancier, c'est qu'il a bien pensé à se suicider après l'échec de Dakar, « comme un général vaincu qui a tout perdu »[57]. Il est des circonstances où les options philosophiques ou religieuses se révèlent impuissantes à dicter une conduite. À propos de l'écrivain Jacques Rigaut, qui s'était suicidé, André Breton remarquait : « Le plus beau présent de la vie est la liberté qu'elle vous laisse d'en sortir à votre heure. »[58]

Un autre gaulliste éminent, le RP Bruckberger, rappelle le mot de Bossuet : « Celui qui n'aime pas la mort n'est pas chrétien », avant d'affirmer que Charles de Gaulle aimait la mort, « et de la bonne manière » : « Il y pensait souvent et en parlait volontiers. Il savait que les choses de ce monde passent et que tout homme doit être toujours prêt à tout quitter. Cette attitude exclut toute forme d'idolâtrie envers soi-même, car ce serait conférer à une simple créature l'honneur qui n'est dû qu'à Dieu. »[59] Mais, au fond, la prohibition du suicide n'est-elle pas autre chose qu'une forme d'« idolâtrie envers soi-même » et de respect excessif de la « simple créature » ? Réponse radicale à une inquiétude radicale, le suicide n'est-il pas, également, dicté par une préoccupation qui, depuis toujours, animait de Gaulle : celle de « ne pas rater sa mort »[60] ?

Le RP Bruckberger assure que de Gaulle possédait au plus haut degré le sentiment de n'être ici-bas qu'un « nomade ». Mais qu'est-ce qu'un nomade sinon, d'abord, un homme libre ?

CHAPITRE V

La religion du Général

Charles de Gaulle est né dans une famille catholique ; il a fait sa première communion, il a reçu le sacrement de confirmation. Il s'est marié selon le rite catholique et a fait baptiser ses trois enfants. Ses obsèques, enfin, ont été religieuses. L'Église catholique se trouve associée à toutes les grandes étapes de sa vie personnelle. Voilà, observe le RP Bruckberger, le « fait sociologique » [1]. Il est important, même s'il ne dispense pas de la délicate entreprise consistant à sonder les reins et les cœurs.

Charles de Gaulle est né dans une famille profondément attachée au catholicisme, d'une pratique rigoureuse, et il a grandi dans une atmosphère imprégnée d'un strict catholicisme. Son arrière-grand-oncle Charles Kolb s'était marié, à la fin de la Restauration, avec l'héritière des Sucreries Bernard, de Lille. Député du Nord, puis sénateur à vie, il mourut en 1888, à quatre-vingt-dix ans. Ce fut lui qui fonda la plupart des œuvres catholiques de Lille et posa la première pierre de la basilique (inachevée) de Notre-Dame de la Treille ; on l'avait surnommé « l'évêque laïc » de Lille. La famille était d'ailleurs apparentée à deux évêques de la ville : le cardinal Liénart (par les Cailliau) et Mgr Gand (par les Bernard).

Ancien élève des jésuites, le père de Charles de Gaulle fut professeur au collège de l'Immaculée Conception, rue de Vaugirard, puis à l'école Sainte-Geneviève de la rue des Postes (rue Lhomond) ; il était le seul enseignant laïc de ces deux établissements jésuites. Après l'expulsion des congrégations, il fondera et dirigera le cours Fontanes, rue de Grenelle. Charles fut son élève rue de Vaugirard, où il eut pour condisciples Georges Bernanos, Georges Guynemer et Jean de Lattre de Tassigny ; tous ces jeunes gens faisaient leur la devise du « père de Gaulle » : « Honneur, religion et patrie. »

Le jeune Charles fait toutes ses études dans des établissements catholiques : chez les frères des écoles chrétiennes de Saint-Thomas d'Aquin, chez les jésuites du collège de l'Immaculée Conception et du collège d'Antoing, en Belgique, et enfin au collège Stanislas, à Paris, dans la classe préparatoire à Saint-Cyr en 1908-1909. La vocation militaire avait alors pris le relais de ce que Jean Lacouture appelle « une vague vocation religieuse » [2]. Ancien directeur du cabinet du Général avant d'être ambassadeur près le Saint-Siège, René Brouillet insiste sur l'importance de cet héritage familial et sur l'importance de l'éducation chrétienne reçue par de Gaulle, clés, selon lui, de « la profondeur de l'enracinement de sa foi » [3].

Henri de Gaulle était, politiquement, un nationaliste, qui aimait à se proclamer « monarchiste de regret » [4], mais, en jésuite de stricte obédience, il professait également que, selon la doctrine ignacienne, « l'Histoire ne repasse jamais par le même chemin ». Les de Gaulle appartiennent à la famille des catholiques sociaux, d'inspiration contre-révolutionnaire à l'origine, dans la ligne de Joseph de Maistre, devenue proche de la droite ralliée à la République — une famille qui se reconnaissait en Barrès, en La Tour du Pin [5] et surtout en Albert de Mun, en qui les jésuites voyaient le principal représentant du catholicisme social. Henri de Gaulle épousera à trente-huit ans sa cousine Jeanne Maillot, qui aimait le dessin, la monarchie et la religion. « C'était une Romaine de province, intraitable sur les chapitres de la religion, des mœurs et de la patrie, qui portait dans son cœur l'armée, l'archevêché, (...) l'Alsace et les fleurs de lys. » [6]

Dès la première page des *Mémoires de Guerre*, de Gaulle rend hommage à son père, « homme de pensée, de tradition », « imprégné du sentiment de la dignité de la France », et à sa mère, qui « portait à la patrie une passion intransigeante à l'égal de sa piété religieuse ». Il grandit dans un milieu gouverné par la tradition, dont l'hymne était le vieux cantique *Catholique et Français toujours* : nationaliste *parce que* catholique, indissolublement catholique *et* nationaliste. La patrie est un don du ciel, qu'il faut entretenir, mettre en valeur, enrichir, développer ; car ce nationalisme n'est pas figé, raidi dans des convictions ancestrales, dans des nostalgies dépassées, il se veut généreux — on dirait aujourd'hui « ouvert », on disait alors « social ».

La « certaine idée de la France » que de Gaulle assure s'être faite depuis toujours est tout à fait conforme au courant politico-religieux incarné par Barrès et par Péguy.

« L'auteur de *La Colline inspirée,* déclare Jean-Marie Domenach, aura suggéré à de Gaulle un nationalisme catholique, avec son côté *Te Deum* et églises-dans-la-campagne, ainsi que le souci des problèmes sociaux. » [7]

L'influence de Barrès est sûrement plus profonde que ne le donne à penser Domenach. Lui-même marqué par la double influence de Barrès et de De Gaulle, Domenach a eu avec ce dernier deux entretiens, au cours desquels fut abordé le thème gaullo-barrésien de la décadence : « Entre la vision de la mort nationale et celle de la mort personnelle, dit aujourd'hui Domenach, il y a certainement un lien » [8], que l'on ressent très fortement chez Barrès et qu'il est plus difficile, mais non impossible, de découvrir chez de Gaulle. Remerciant l'écrivain pour l'envoi de son *Barrès par lui-même*, de Gaulle commence par lui confier que Barrès n'a « pas fini de [l'] enchanter », et ajoute :

« Vous faites très bien voir et sentir cette espèce de déchirement de l'âme, si l'on veut de désespoir qui m'ont toujours entraîné dans Barrès, qu'il a habillés d'une splendide désinvolture, mais dont je ne crois pas que l'effet doive s'éteindre parce que la décadence ne se confondra pas toujours avec la médiocrité. » [9]

Un historien du gaullisme, Jean-Christian Petitfils, a montré que de Gaulle s'était « nourri » de l'œuvre de Barrès, dont il adopta « le nationalisme républicain, émotif et sentimental » [10]. La fameuse phrase sur la « certaine idée de la France », qui ouvre les *Mémoires de Guerre,* n'est-elle point inspirée de cette recommandation des *Cahiers* de 1920 : « Donner de la France une certaine idée, c'est nous permettre de jouer un certain rôle » ? Sans être catholique — tout en étant pratiquant — Barrès se plaisait à mettre l'accent sur l'imprégnation catholique, sur le rôle fondateur du catholicisme dans la formation de la nation française.

À quelques exceptions près — celle d'un Maurice Schumann, par exemple —, les gaullistes de stricte obédience récusent cette influence [10] et, plus encore, celle de Maurras. Et pourtant Henri de Gaulle avait été, de 1908 à la condamnation de la doctrine royaliste par Rome en 1927, un fervent lecteur de *L'Action Française,* et son fils, que Mauriac qualifiera un jour de « maurrassien sur les bords », passait parfois pour un collaborateur anonyme de l'*A.F.* [11]

L'influence de Péguy, explicitement revendiquée par de Gaulle, paraît, à beaucoup d'égards, encore plus éclatante et nul ne s'aventure à la nier. « L'homme du 18 juin est, par excellence, (...) un héraut péguyste », affirme Edmond Michelet [12]. À l'évidence, il existe une authentique parenté entre de Gaulle et Péguy, fondée, selon Candy et Roussel, sur la croyance commune que la première des trois vertus théologales est l'espérance :

« *L'espérance est une petite fille de rien du tout,*
« *C'est cette petite fille pourtant qui traverse les*
[*mondes.* » [13]

Dès le 24 juin 1940, de Gaulle déclarait à la radio de Londres : « Il faut qu'il y ait un idéal. Il faut qu'il y ait une espérance. » [14] Dans une lettre à Georges Cattaui, auteur d'un *Péguy,* de Gaulle évoquait son admiration pour l'homme et pour l'écrivain, et il assurait : « Sans nul doute, s'il avait vécu, il aurait été *avec nous.* Bien mieux ! Il l'était d'avance. » [15] Plus tard, son ancien condisciple Bernanos expliquera : « Il fait de l'espoir une force motrice, qui est le pôle de son énergie. » Pour de Gaulle comme pour l'auteur de *Français, si vous saviez,* l'espérance est la plus grande victoire qu'un homme puisse remporter sur son âme et sur la barbarie. En visite à Auschwitz le 9 septembre 1967, il écrit sur le livre d'or du camp de concentration polonais : « Quel dégoût !... Quelle tristesse !... Quelle pitié !... » On croit qu'il va en rester là ; il se ravise et ajoute : « Et pourtant, quelle espérance humaine ! » [16]

En janvier 1946, il devait confier à l'industriel Alain Bozel : « Je me demande si mon vrai destin n'était pas d'être un philosophe, car je sais que j'ai des choses à dire à mes contemporains. » [17] Il n'a pas oublié le rôle de deux philosophes dans sa formation intellectuelle : Henri Bergson et Émile Boutroux.

Au premier, qu'il cite à deux reprises dans *Le Fil de l'épée,* il emprunte l'analyse de l'instinct : « Bergson, écrit-il, a montré comment, pour prendre avec les réalités un contact direct, il faut que l'esprit humain en acquière l'intuition en combinant l'instinct avec l'intelligence. » [18] Il subit le « poids intellectuel » (Messmer et Larcan) de Bergson, faisant siennes toutes les notions d'intuition de la réalité vitale, d'élan vital, d'imagination créatrice : « En Bergson, note Lacouture, de Gaulle a trouvé ce professeur de liberté que cherche tout adolescent. » [19] Comme l'auteur de *L'Évolution créatrice,* il chemine vers Dieu par des voies peu orthodoxes.

Chez Boutroux, il a puisé l'idée capitale de contingence, développée dans un traité célèbre paru en 1874 : *De la contingence des lois de la nature.* Dans ses *Carnets de jeunesse,* de Gaulle définit la contingence comme « le caractère de ce qui aurait pu ne pas être ou être différent » [20]. Maurice Schumann, qui a étudié l'influence de ces deux philosophes sur de Gaulle [21], rappelle qu'il aimait à citer cette poétique maxime de Boutroux : « La vocation de l'homme est d'être maître des vents et des flots. » On est tenté d'y découvrir l'origine du fameux orgueil gaullien...

Il avait également subi l'influence de la démocratie chrétienne, héritière du christianisme social des années 1890-1910 : sympathie pour Marc Sangnier, pour Jacques Maritain, pour Daniel-Rops, et pour des organes de cette famille : *Sept,* du père Bernardot, *L'Aube,* de Georges Bidault, et surtout *Temps présent,* de Stanislas Fumet.

Cet hebdomadaire, qui se définissait comme « mal pensant », fut fondé en 1937 par quelques « rouges chrétiens », chaperonnés par Mauriac et par Maritain, parmi lesquels l'on comptait Claude Bourdet, Henri Guillemin et Maurice Schumann ; il avait pris parti avec fougue pour l'Espagne républicaine. Le colonel de Gaulle y publiera un article sur l'arme blindée, avant d'adhérer à l'*Association des Amis de Temps présent.* Dans son dernier numéro, paru le 14 juin 1940, le journal annoncera la nomination de Charles de Gaulle au sous-secrétariat d'État à la Guerre, sous le titre : « Les Amis de *Temps présent* à l'honneur » [22].

Ralliant l'antifascisme chrétien, de Gaulle ne tournait pas le dos à sa formation. « Incontestablement, écrit François-Georges Dreyfus, de Gaulle est tributaire du patrimoine intellectuel de l'élite catholique. » [23] Mais ce patrimoine, il n'a jamais été dans son esprit de le recevoir figé une fois pour toutes ; il s'emploiera à l'approfondir et à l'élargir. Sans avoir la moindre conscience de se déjuger, il peut ainsi fréquenter en toute tranquillité Hegel, Nietzsche, Maurras et tous ceux que l'on baptise « les non-conformistes des années 30 » [24], comme lui influencés par Lamennais, Lacordaire et Montalembert : « Dans ce bouillonnement d'idées, notent Messmer et Larcan, on retrouve surtout une réaction fondamentale à l'égard du radicalisme bien-pensant, malthusien et immobile de la IIIᵉ République finissante, comme du socialisme intellectuel et de son entourage. » [25]

Une réaction qui n'est ni de droite ni, encore moins, de gauche, mais que l'on pourrait qualifier de religieuse par excellence et de parfaitement conforme à la doctrine sociale de l'Église, réaffirmée par les papes successifs, qu'ils passent pour « conservateurs » (ou même « réactionnaires ») ou pour « progressistes ». Lorsque, dans son allocution du 7 juin 1968, de Gaulle affirme que le capitalisme « empoigne et asservit les gens », n'emprunte-t-il pas au vocabulaire dont usaient avant lui Pie XI et Pie XII ? D'une manière générale, lorsqu'il traite de son sujet favori (« La France... »), il paraît visiblement animé d'un sentiment religieux, et c'est précisément dans ce sentiment qu'il puise une certitude : celle d'incarner à lui seul « le cher et vieux pays » et ce qui constitue à ses yeux le meilleur de l'esprit français : « L'absolu, pour de Gaulle, c'est la France », rappelle Edmond Pognon [26].

Cet absolu ne s'oppose-t-il pas à l'autre ? Non, si l'on a soin de ne pas mélanger les plans : la grandeur et la pérennité de la France ne contredisent pas la grandeur et la pérennité de la religion catholique : « Comment la France pourrait-elle méconnaître une histoire qui fait d'elle la fille aînée de l'Église ? » s'écrie de Gaulle le 31 mai 1967, dans une allocution prononcée au Vatican, en présence de Paul VI.

Barrès et Maurras ne s'exprimaient pas autrement.

*
* *

On s'est longtemps demandé pourquoi, à l'église de Colombey, Charles de Gaulle s'asseyait toujours au dixième rang. N'était-ce là qu'une habitude dépourvue de signification précise ? En réalité, c'est de cet endroit que l'on aperçoit le mieux deux des dix-huit vitraux qui, dit Alain Peyrefitte, plus que les autres, « parlaient à de Gaulle de l'histoire de France » [27]. L'un de ces vitraux représentait Saint Louis, l'autre Jeanne d'Arc — le roi incarnant le « pacte multiséculaire » entre la France et la liberté du monde, l'héroïne symbolisant la résistance à l'envahisseur et le combat pour l'indépendance nationale. « Il s'adossait aux siècles qui ont fait nos pays, dit Alain Peyrefitte. Il puisait ses forces dans les grands exemples qu'il s'était incorporés. »

Les plus grands acteurs de l'histoire de France étaient Vercingétorix, le « premier résistant de notre race », Clovis, qui avait, en mariant la Gaule romaine et le christianisme, créé la France, et Hugues Capet, qui avait étendu le pré carré à l'hexagone. Ils n'étaient pas les seuls ; d'eux procédaient, à chaque tournant de notre histoire, une cohorte de résistants et d'organisateurs qui, au moins autant que les quarante rois chers à Maurras, avaient « fait la France ». Tous appartenaient à l'Occident chrétien et de Gaulle ne manque pas une occasion de le souligner, alors que tous ne s'en réclamaient pas explicitement. Même s'il échappe aux catégories ordinaires et s'il fait preuve sur ce sujet d'une discrétion constante, Charles de Gaulle, lui, se définit comme un croyant et un catholique pratiquant. Au RP Riquet désireux d'approfondir son information, Jean d'Escrienne explique que de Gaulle n'évoquait que rarement ces sujets en sa présence (il n'était certes pas le seul !). Aussi l'aide de camp ne fait-il part à l'homme d'Église que d'une analyse personnelle :

« Je pense que le Général a reçu la foi en naissant et qu'elle s'est épanouie chez lui dès l'enfance dans les bras et sur les genoux d'une mère profondément chrétienne. (...) Il est parfaitement évident, d'ailleurs, que le Général était trop honnête pour pratiquer s'il n'avait cru. Or, il pratique sincèrement et pas seulement au cours de manifestations et de cérémonies publiques. » [28]

Une fois, par exception, il s'était confié au préfet Rix : « Ne pas croire, n'avoir aucune croyance, y peut-on quelque chose... On ne croit pas parce qu'on veut croire... Car si l'on veut croire, c'est que déjà l'on croit... » [29]

Une minuscule chapelle avait été aménagée au rez-de-chaussée de l'aile gauche de l'Élysée [30]. Le dimanche, un père blanc de la rue Roger-Verlomme y célébrait la messe ; très souvent, il s'agissait du jeune François de Gaulle, l'un des quatre fils de Jacques de Gaulle, frère du Général mort en 1946, et l'un des rares hommes d'Église auxquels il lui arriva de se confier [31]. Il ne communiait qu'aux messes intimes, à l'abri des regards indiscrets, et à l'occasion de certaines fêtes : « On est bien obligé d'admettre, s'écrie Jean d'Escrienne, que ce n'était pas *pour la galerie* ! » [32]

Il en allait de même à Colombey, lorsque l'afflux des photographes — les dimanches d'élections, par exemple — interdisait aux de Gaulle d'assister tranquillement à la messe à l'église du village. L'aumônier de Clairvaux était alors invité à la Boisserie et y célébrait le Saint Sacrifice devant Charles et Yvonne de Gaulle, l'aide de camp et les domestiques. L'attitude du Général était d'une humilité qui ne fut jamais prise en défaut : elle rappelait, dit Pierre-Louis Blanc, celle des enfants de chœur d'autrefois. « Comme eux, il se trouvait à l'aise dans les lieux saints et donnait une impression de recueillement et de piété. » [33] Il ne communiait généralement pas lorsque la curiosité du public était trop insistante. C'était le cas lors des voyages officiels, à quelques exceptions près, notables il est vrai.

Les deux exemples les plus célèbres ont eu pour cadre des pays communistes : le 10 septembre 1967 à la cathédrale de Gdansk (Pologne) et surtout le 26 juin 1966 à Notre-Dame-de-Lourdes, l'ancienne église de l'ambassade de France à Saint-Pétersbourg. François Flohic assistait à cette dernière messe ; il fut surpris de voir le Général se rendre à l'autel : « Jamais encore je ne l'avais vu communier au cours d'un service religieux ayant un caractère officiel en France ou à l'étranger. » [34]

Un troisième exemple, moins connu, est celui de la chapelle Saint-Louis-des-Français de la Maison de France d'Istanbul : de Gaulle y communia en octobre 1968. « Peut-être, suggère Pierre-Louis Blanc, avait-il

119

voulu faire savoir qu'il n'oubliait pas que Constantinople, la "nouvelle Rome", fondée par un empereur romain converti au christianisme sur les ruines de l'antique Byzance, avait joué un rôle historique dans la résistance aux invasions barbares. » [35]

Cependant, jamais son appartenance au catholicisme ne l'empêcha de manifester qu'il était le chef d'un État laïc, gouverné par la loi fondamentale de séparation de l'Église et de l'État. Lors de la visite officielle en France d'un chef d'État sud-américain, il alla jusqu'à interdire à Mme de Gaulle de se rendre à la Sainte Table. Ensuite, il avait expliqué au cardinal-archevêque de Paris, qui s'était étonné de cette abstention : « Ici, monseigneur, j'étais la France. Et la France est un État laïc. » [36]

Pratiquant scrupuleux, certes, mais ennemi de l'ostentation [37] et prenant un soin extrême à ne pas mélanger les plans. « Ce grand chef temporel ne touche jamais au spirituel », note François Mauriac, balançant entre l'admiration et l'agacement [38]. Formule d'ailleurs trop ramassée, trop abrupte et finalement inexacte : de Gaulle ne cesse guère de « toucher au spirituel » mais, en toute occasion, il se montre adepte du vieux dicton : « Chacun son métier... » Pierre Lefranc souligne : « Il y avait entre de Gaulle et l'Église une certaine distance. » [39] Mais, si elle existait, accréditant parfois le soupçon de « gallicanisme », la distance n'empêchait pas le respect. Les trois pontifes qui se succédèrent de 1940 à 1970 eurent droit à toutes les marques de respect s'attachant à leurs fonctions et leurs représentants, même quand leur comportement était jugé critiquable, n'eurent pas à se plaindre du Général. Ainsi, à la Libération, refusant l'agrément du nonce apostolique précédemment accrédité à Vichy, de Gaulle accepta sans aucune réserve la nomination du nouveau représentant du Vatican, Mgr Roncalli, non sans avoir exprimé à Mgr Valeri au moment de son départ la « haute considération » qu'il avait pour sa personne. [40]

Désireux d'honorer le Saint-Siège, il décide que le premier ambassadeur de la France libérée y sera Jacques Maritain (qui restera en poste jusqu'en 1948). Il donnera dans ses *Mémoires de Guerre* un portrait flatteur de Pie XII, rencontré à Rome le 30 juin 1944, en mettant la « réserve » du Vatican au sujet de la France Libre sur le compte de « l'éternelle prudence » de l'Église. Pie XII lui apparaît comme un homme « pieux, pitoyable, politique au sens le plus élevé que puissent revêtir ces termes »[41], mais il se déclare frappé par ce que sa pensée a « de sensible et de puissant ». Pas un mot sur la prétendue compréhension ou sur les complaisances supposées dont le pape aurait fait preuve à l'égard de l'Axe.[42]

*
* *

Fils de l'Église, respectueux sinon soumis, Charles de Gaulle peut cependant difficilement être considéré comme un catholique exemplaire. Le général de Larminat rapporte qu'à Brazzaville il répondit à un fonctionnaire qui lui demandait s'il était « catholique pratiquant » : « Oui, et après ? »[43]

La boutade est révélatrice : pratiquer et croire sont deux choses différentes. De Gaulle était-il croyant ? De Gaulle, catholique pratiquant, était-il chrétien ? « Le mot catholique n'a pas tout à fait le même sens que le mot chrétien », observe le RP Bruckberger[1]. Foin, ici, de la sociologie, de la formation religieuse, de l'appartenance à l'Église ; il s'agit d'essayer de percer l'intimité d'un homme. Délicate entreprise !

« Il m'est arrivé plusieurs fois d'essayer de parler *religion* avec le général de Gaulle et je n'y ai jamais réussi », reconnaît André Frossard.[44]

Deux hommes politiques confirment : « Je ne me souviens pas que le Général ait abordé devant moi des problèmes métaphysiques ou religieux », déclare Robert Poujade.[45] « Le général de Gaulle, dit Valéry Giscard d'Estaing, n'avait pas l'habitude de se confier sur les sujets de ce genre. »[46]

Ces sujets appartenaient à la sphère de la vie privée. Même les proches n'ont jamais bénéficié de confidences significatives. « Tout ce qui concerne la pensée intime — convictions religieuses, philosophiques —, j'estime que je n'ai pas le droit d'en parler », commence par déclarer Bernard Tricot, avant de reconnaître : « Et d'ailleurs, j'en sais fort peu — et même je n'en sais rien ! » [47] Philippe de Gaulle se contente d'assurer que son père « parlait de la mort comme un chrétien » [48], ce dont on pourrait déduire que « parler comme un chrétien » n'est pas forcément être chrétien — mais sans doute serait-ce là faire dire à l'auteur de ce propos ce qu'il ne voulait pas laisser entendre. « Le Général, nous a-t-il en effet déclaré, avait sur l'au-delà les idées, les croyances d'un chrétien traditionnel, éduqué par un père philosophe catholique et chrétien exemplaire. » [49]

Idées et croyances dont il ne lui arrivait que très exceptionnellement d'entretenir de rares correspondants : « Moi aussi, comme vous, je n'adore que Dieu, écrit-il à Maurice Clavel le 7 février 1966. Mais moi aussi, comme vous, j'aime surtout la France... » [50] Clavel donnait une interprétation personnelle de ces quelques lignes qu'à juste titre il estimait importantes : chez de Gaulle, l'amour de la France cédait le pas à son « adoration » de Dieu [51]. On peut également voir dans le choix des mots (exercice dans lequel il excellait) l'intention du Général de signifier à son correspondant qu'il n'était pas question de confondre deux domaines entre lesquels on ne pouvait établir de hiérarchie : l'adoration de Dieu ne transcende pas forcément l'amour de la France ; les deux ordres sont différents [52]. Robert Aron, qui consacre quelques pages plutôt sévères au « schisme intérieur à de Gaulle » — l'impossible coexistence entre sa sensibilité et sa conception de l'État —, rappelle cette maxime de Bossuet : « Le Prince ne doit rendre compte à personne de ce qu'il ordonne : il n'y a que Dieu qui puisse juger de ses jugements et de sa personne. » [53] De Gaulle n'avait-il pas un jour déclaré à Konrad Adenauer : « Monsieur le Chancelier, il y a Dieu. Et puis il y a la politique. » [54]

Après la publication retentissante de son livre *Dieu existe, je l'ai rencontré,* André Frossard eut droit à cette petite phrase : « Oui, Dieu existe puisque vous l'avez reconnu sans l'avoir, d'abord, connu et trouvé sans l'avoir cherché. »[55]

Deux hommes d'Église se sont vu adresser deux professions de foi encore plus assurées. « Si ma vie a pu avoir une signification, écrivait de Gaulle au RP de Solages, le 29 décembre 1969, ce n'est que par la grâce de Dieu. »[56] Évoquant le rôle joué par l'amiral Thierry d'Argenlieu dans la France Libre, il écrivait, à quelques mois de sa mort, au RP Alfond, biographe du RP Louis de la Trinité : « Dieu a voulu qu'un religieux (...) ait été lié de près à ce que j'ai pu tenter de faire pour la France. »[57]

Croyance en Dieu, certes, mais plus proche, semble-t-il, de la « foi du charbonnier »[58] que d'une conviction profonde. Croyance qui renvoie à l'automanifeste du Français Libre rédigé par de Gaulle en personne en 1940 : « Je crois en Dieu et en l'avenir de ma patrie. » La question de la nature exacte de cette croyance n'a jamais cessé de se poser : « Une foi religieuse double-t-elle sa foi nationale — et celle qu'il voue au personnage qu'il a inventé ? » s'interroge Jean Lacouture, qui constate : « Beaucoup de ses partenaires (...) ont mis en doute qu'un si féroce combattant puisse être un bon chrétien. Question à laquelle on se gardera de donner une réponse simple. »[59]

Aimant à déconcerter, de Gaulle se plaît à mélanger confidences supposées (en tout cas, rapportées par les témoins comme des confidences) et boutades. « Je suis chrétien par l'histoire et la géographie », aurait-il dit à son neveu Michel Cailliau[60]. Nous voici renvoyés à la sociologie. Tournoux cite cet autre propos, tenu à Jacques Soustelle : « Moi, je ne crois en rien. La religion catholique fait partie des structures politiques de la France. »[61] Provocation sans conséquence d'un homme qui se souvient d'avoir fréquenté Barrès et Maurras ? Un autre jour, il assurera : « Moi, je suis croyant et pratiquant pour toutes sortes de raisons... »[62] Mais il ne s'étendra pas sur celles-ci. Compagnon de route du communisme et « gaulliste de gauche », Emmanuel d'Astier de La Vigerie avait son idée, qu'il confiera à Tournoux en 1966 :

— Non, croyez-moi, de Gaulle n'est pas croyant. Lorsque j'apprends qu'il a communié, oui, cela me fait rire ! C'est un moniste, une sorte de panthéiste. Son univers est celui de Spinoza [63]. Il possède une morale sociale basée sur le catholicisme. Pour lui, la Foi, c'est l'ordre social [64].

Ordre social ? National, plutôt. « Pour de Gaulle, tranche Georges Buis, monarchie, Église (Sorbonne), France formaient un trio qui allait de soi. » [65] Mauriac se demandait ce que, le soir, au pied de son « lit démesuré », de Gaulle pouvait bien dire à « l'Être infini » : « Et de quel ton lui parle-t-il ? Quelle est l'oraison de De Gaulle ? Et fait-il oraison ? » Avant de conclure, avec quelque dépit : « Cela, nous ne le saurons jamais. » [66] Mais nous ne savons même pas s'il s'adressait vraiment à l'Éternel ! Jean Gaulmier, qui l'a approché au Levant pendant la guerre, esquisse une hypothèse :

« Pascalien, de Gaulle ne croit pas aux fatalités : l'hostilité latente du hasard n'est, d'ordinaire, qu'un fruit de l'improvisation. » [67]

Si l'on en croit Malraux, durant l'entretien du 11 décembre 1969, de Gaulle cita « fort peu » Dieu et « jamais » le Christ. Le visiteur se demandait quelle conclusion tirer de ces omissions si remarquables : « Je crois sa foi si profonde, avançait-il, qu'elle néglige tout domaine qui la mettrait en question. » [68]

Il ne rapportait pas de propos précis, se contentant de remarquer : « De Gaulle croit qu'à ma manière j'ai la foi, alors que je pense qu'à la sienne il ne l'a pas. » Cette petite phrase avait intrigué Frossard, qui demanda à son auteur d'en préciser le sens. À sa grande surprise, la réponse se fit attendre ; Malraux réfléchit longuement avant de laisser tomber : « C'était une boutade. » [69] Bien malgré lui, il doit donner sa langue au chat : « Je n'ai jamais eu le sentiment, avouait-il à Roger Stéphane, de comprendre quelle était la nature de cette foi. » [70]

Frossard fut aussi impuissant à percer l'énigme : « Il était forcé de croire en Dieu, suppose-t-il, car si Dieu n'existait pas, la France n'existait pas non plus ! » [70]

Boutades et pirouettes ne conviennent guère sur un sujet aussi grave. Sans doute faut-il le considérer sous un autre angle.

*
* *

Au-delà de la « foi du charbonnier » (pas si admirable que cela, au fond, puisqu'elle consiste à voir en Dieu quelque chose sur quoi on n'a pas à s'interroger, mais qui nous est donné comme un fait naturel ou social), il semble que Charles de Gaulle possédait une conception de Dieu exempte de crainte, sinon d'inquiétude [71] :

« Son intelligence, explique Pierre-Louis Blanc, le conduisait, par une pente naturelle, à tout remettre en question. (...) Sa manière de penser, comme les expériences qu'il avait vécues, le conduisaient inlassablement à s'interroger. Où était donc la marque de Dieu dans un monde qui paraissait relever davantage de la loi de la jungle que de quelque harmonie préétablie ? (...) Il accordait donc bien peu de place à la divine harmonie dans une conception de l'espèce qui se situait en lui plus près de la thèse darwinienne que de la Cité de Dieu augustinienne. » [72]

La « foi du charbonnier » ne pouvait suffire à emplir la vie et l'horizon intellectuel d'un Charles de Gaulle, trop marqué par le pessimisme hérité des Anciens et, plus encore peut-être, par le nihilisme nietzschéen :

> « Rien ne vaut rien,
> « Il ne se passe rien,
> « Et cependant tout arrive,
> « Mais cela est indifférent... »

Ce quatrain du père de *Zarathoustra* a obsédé de Gaulle : il l'avait découvert dans sa jeunesse, noté dans ses *Carnets*, cité aux Compagnons de la Libération réunis au siège de l'Ordre en 1947 (le jour où l'amiral d'Argenlieu, Grand Chancelier, lui avait remis le collier de Grand Maître), et il le reproduira sur l'exemplaire des *Mémoires de Guerre* que lui tendra à Dublin l'ambassadeur de France Emmanuel d'Harcourt, le 18 juin 1969. C'était là, assurait-il dans un rare moment d'abandon, avec le vieux proverbe du XIVᵉ siècle : « Moult a appris qui bien connut ahan » [73], l'une des deux maximes qui avaient guidé sa vie. Dans ce quatrain et dans cette phrase surgie du fond des âges, il faut, à n'en pas douter, aller chercher la vérité profonde de l'homme.

Cette « indifférence » discrètement mais fermement affichée n'empêchait nullement de Gaulle de tenir des propos tels que celui-ci : « Ce qu'il y a de curieux dans cet univers, c'est que tout est parfaitement organisé et réglé par une volonté qu'on ne peut aborder. » François Flohic, qui le rapporte, a la certitude que le Général croyait en l'existence de Dieu, mais qu'il ne s'agissait pas pour lui d'une « croyance simple et tranquille » :

« Il m'apparaît, témoigne Flohic, qu'il approchait Dieu par un processus plus intellectuel que sensible et, s'il en parlait peu, on pouvait cependant sentir qu'il lui était nécessaire de croire. » [74]

Il est tentant de voir dans cette croyance une « certaine idée de Dieu », propre à de Gaulle, fondée sur l'alternance éternelle entre le bien et le mal et l'équilibre, bien réel mais toujours remis en question, qui en résultait, et surtout, selon la formulation de Candy et Roussel, sur « une vision à la fois romantique et magique » : croyance dans le destin et dans les lieux symboliques, qui, par exemple, le pousse à s'installer à Colombey, en Champagne, face à ces « fonds sauvages où la forêt enveloppe le site » : « Vieille Terre rongée par les âges, rabotée de pluies et de tempêtes, épuisée de végétation, mais prête, indéfiniment, à produire ce qu'il faut pour que se succèdent les vivants ! » [75]

Il possède également « une certaine idée de la Providence », qui l'amène à évoquer « l'obscure harmonie d'après laquelle s'ordonnent les événements » [76] ou encore « les hasards exceptionnels qui ont tiré la France de l'abîme » [77]. Il lui arrive de se référer en public à une « voie surnaturelle » et à des « forces mystérieuses », sur lesquelles, d'ailleurs, il ne s'étend pas. Mais elles ne lui inspirent aucun fatalisme. « Pour de Gaulle, expliquent Candy et Roussel, ce n'est pas un *déterminisme fatal* qui tient entre ses mains les affaires du monde, mais un principe supérieur qui dirige le cours des choses et détient l'avenir. » [78]

C'est, semble-t-il, ce « principe supérieur » qui donne aux hommes courage et force de combattre et permet de « fixer le destin » [79]. On songe ici à la « conscience surhumaine » dont parle Miguel de Unamuno, « la conscience même de toute la race humaine, passée, présente et future », et même, soutenait le philosophe espagnol (auteur d'une *Agonie du christianisme*), « la conscience totale et infinie qui embrasse et soutient toutes les consciences, infrahumaines, humaines et peut-être surhumaines » [80].

Si de Gaulle croit au déterminisme, c'est uniquement à un déterminisme *historique*, non philosophique ou scientifique. Il croit moins, en effet, au « sens de l'Histoire » cher au marxisme qu'au *poids* de l'Histoire ; son déterminisme n'est pas autre chose qu'un réalisme historique, conviction qui, par exemple, le pousse à parler des « Russes » et non des « Soviétiques » (l'URSS n'a pas d'existence à l'échelle historique) et, d'une manière générale, s'exprime par la fameuse petite phrase tant brocardée mais rien moins que banale : « Les choses étant ce qu'elles sont... » Dans *Vers l'Armée de métier*, il citait Épictète : « Ne prétendons pas changer la nature des choses. » Il faut obéir aux lois du passé et de l'Histoire et ce n'est nullement incompatible avec l'affirmation du rôle éminent des hommes — et surtout des grands hommes — sur le cours des événements.

A la manière d'Unamuno, qui soulevait plus de problèmes qu'il n'en résolvait, nous n'avons pas d'autre indication plus précise à proposer ; notre devoir d'indiscrétion trouve ses limites dans l'extrême discrétion de Charles de Gaulle. Mais c'est, précisément, cette discrétion qui incite à multiplier questions et suppositions...

*
* *

La rareté des références de Charles de Gaulle à l'Écriture incitait le pamphlétaire catholique Jean-Marie Paupert à s'interroger : « De Gaulle est-il chrétien ? »[81] La réponse proposée prétendait éclaircir une bonne fois l'apparente ambiguïté de la pensée gaullienne : la politique conduite par de Gaulle était de nature païenne, alors que l'homme lui-même était « un bon chrétien ». Dans un article consacré aux « deux religions » de Charles de Gaulle, le philosophe chrétien Étienne Borne adoptait un point de vue plus nuancé : « L'on peut soutenir parallèlement et, à chaque fois, avec une argumentation qui ne manque pas de force que la politique gaullienne tantôt n'a rien de chrétien, tantôt se révèle au total comme chrétienne de part en part. »[82] La provocation ou une prudence excessive ne sauraient constituer des réponses satisfaisantes.

Il ne suffit pas de voir en Charles de Gaulle un « chrétien fervent » ou un « catholique exemplaire » : une personnalité aussi complexe ne peut se laisser enfermer dans des définitions simplistes. Il pouvait se montrer bon catholique et chrétien sincère ; il pouvait également apparaître tout différent, selon les circonstances et les interlocuteurs. « Il n'est pas de vérité absolue pour le Général, remarquait Robert Aron : tout dépend de ses desseins et du tour qu'il veut imposer autour de lui aux événements. »[83] Un autre adversaire de De Gaulle proposait sa réponse à la question de Paupert :

« Le Général n'était pas chrétien au plein sens du terme, assurait Jacques Soustelle à Raymond Tournoux.

(...) Il n'était pas un homme religieux. Il avait une religion à lui... si tant est qu'il eût une religion. » [84]

En sens inverse, Maurice Schumann, catholique et gaulliste, assure que de Gaulle possédait au plus haut point le sens de la communion des saints, qui est l'un des fondements de la religion chrétienne [85]. En témoigne, en tout cas, la très curieuse nouvelle écrite par Charles de Gaulle lors de son séjour à l'hôpital de Lyon, en septembre 1914.

L'argument de *Baptême* est édifiant : au début de la guerre, tandis que son régiment marche au front, le capitaine Bertaud confie au lieutenant Langel sa certitude d'être bientôt tué ; il confie également à son jeune subordonné des papiers personnels à remettre à sa femme, en cas de malheur. Or, Langel a été l'amant de Mme Bertaud — et Bertaud le sait. Celui-ci est tué quelques jours plus tard. Langel, blessé, reçoit à l'hôpital la visite de son ancienne maîtresse. Il lui remet le dépôt sacré et lui explique qu'ils ne doivent plus se revoir. Elle accepte et, dès le lendemain, éclate la nouvelle du « miracle de la Marne ». Langel songe à son « amour arraché » et s'interroge : « Parmi tant de sacrifices, dont la victoire était pétrie, qui sait si celui-ci n'avait pas compté ? » [86]

Certains biographes voient dans ce texte singulier une incontestable résonance personnelle : de Gaulle aurait connu un amour malheureux à la fin de l'été 1914. Ce qui nous retient, ici, c'est surtout cette extraordinaire chute de *Baptême* : le sacrifice individuel concourant, avec des millions d'autres, à la victoire commune. *Baptême*, qui reprend un argument déjà exploité dans une autre nouvelle [87], ne manque pas d'une certaine dimension théologique.

Le 25 novembre 1941, à l'Université d'Oxford, de Gaulle prononça un discours où il exaltait l'ordre futur, fondé sur « le triomphe de l'esprit sur la matière ». Quatre ans et demi plus tard, cette fois devant l'Assemblée consultative, il résumait ainsi la politique qui avait été la sienne depuis le coup d'éclat du 18 juin : « Nous avons répondu à la loi éternelle qui fait de nous l'avant-garde d'une civilisation fondée sur le droit des peuples et le respect de la personne humaine. » Dans ces deux affirmations, le RP Bruckberger voit la preuve que de Gaulle n'était nullement l'idolâtre de la patrie que l'on a parfois vu en lui : comme avant lui Jeanne d'Arc et Charles Péguy, explique le religieux, il professait que l'amour de la patrie était tout entier contenu « dedans l'amour de Dieu » [1].

Au terme de leur étude, Candy et Roussel concluent à l'existence d'un « sentiment religieux profond » chez de Gaulle, mais ils ajoutent : « Derrière l'austérité des pratiques apparaît une croyance romantique et généreuse, qui retient parfois des éléments de surnaturel... » [88] À chacun, en son âme et conscience, de juger si cette croyance autorise à remettre en question la réalité d'une conviction religieuse. « Je ne connais pas le général de Gaulle, écrit Malraux dans *Les Chênes qu'on abat*. Qui connaît qui ? »

Trois proches des dernières années se sont, pour leur part, prononcés sans détour.

Jean d'Escrienne pense que de Gaulle était « plus chrétien que catholique » : « Sa pensée se référait volontiers à l'Évangile, voire à l'Ancien Testament, sans forcément éprouver le besoin d'avoir recours à l'Église et au clergé comme intermédiaires... » [89] Il dialoguait volontiers avec Dieu, seul à seul, dans le silence de la méditation et de la prière — ce qui ne l'empêchait pas de prodiguer à la hiérarchie catholique, on l'a vu, toutes les marques traditionnelles du respect.

Pour François Flohic, la foi du Général avait « un rapport équivoque avec la divinité » : « Il m'est toujours apparu que la religion représentait pour lui plutôt une nécessité psychique d'explication du cosmos et de la vie qu'une conviction profonde. » [90]

Pierre-Louis Blanc estime que de Gaulle voyait en Dieu « le grand justicier » : « Mû par un instinct de même nature que celui qui l'empêchait d'accepter l'humiliation, il refusait l'irresponsabilité. Dieu lui était donc nécessaire. » [91] Est-ce à dire qu'il possédait la foi ? Certes, il remplissait ses devoirs de chrétien et parlait souvent de

Dieu : « L'avenir ne dépend pas de vous, il dépend de Dieu », dit-il un jour à l'ambassadeur (catholique) des États-Unis, Sargent Shriver. Et à Malraux, en décembre 1969 : « Je n'ai pas peur de Dieu » — Dieu apparaissant comme la seule instance supérieure ayant autorité pour juger sa vie.

Qu'est-ce qu'un chrétien qui n'a pas peur de Dieu ? Qu'est-ce qu'un chrétien qui n'a pas peur de la mort ? La religion de Charles de Gaulle était-elle compatible avec le « panta rhei » du philosophe grec qui, selon lui, s'appliquait à la guerre autant qu'à la vie : « Ce qui eut lieu n'aura plus lieu, jamais, et l'action, quelle qu'elle soit, aurait fort bien pu ne pas être ou être autrement » [92] ? Ce relativisme, lieu commun de toutes les philosophies depuis Héraclite, gît probablement au centre de la métaphysique gaullienne. La formule fameuse « Les choses étant ce qu'elles sont » sous-entendait qu'elles auraient très bien pu ne pas être ou être tout à fait autrement. Charles de Gaulle aurait très bien pu ne pas exister, il aurait pu ne pas devenir le général de Gaulle, mais faire, comme ses aïeux, carrière dans l'enseignement ou dans le sacerdoce. S'il ne fallait pas accorder au destin plus d'importance qu'il n'en avait, dans ces conditions comment ne pas être pénétré de cette évidence : la mort n'avait réellement aucune importance. « Mourir ; dormir — rien de plus. » Le seul point d'interrogation qui subsiste, c'est que l'on ne sait pas si, à l'instar de Hamlet, de Gaulle se demandait quels rêves peuvent animer le sommeil ultime.

CHAPITRE VI

« *Si Dieu me prête vie...* »

Charles de Gaulle est un familier de la mort : il l'a personnellement affrontée pendant la Grande Guerre, avant de voir disparaître, les uns après les autres, les êtres qu'il aimait le plus : son père, sa mère, sa fille cadette, ses trois frères, de proches compagnons d'armes. Elle a toujours tenu une grande place dans sa vie. Durant la Seconde Guerre mondiale, il ne s'était pas contenté d'être un « Général Micro » : à plusieurs reprises, il avait accompli des voyages aériens dans des conditions précaires ; condamné à mort par l'État français, il avait suscité contre lui des oppositions violentes, inexpiables ; après 1958, il avait par deux fois au moins vu la mort de près.

« La mort était à tout moment présente dans l'existence de mon père, dit Philippe de Gaulle, mais il n'en parlait pas. »[1]

Une expression, cependant, revenait souvent dans ses propos : « Si Dieu me prête vie... » Il lui arrivait également, plus rarement, d'évoquer « la maladie » susceptible de mettre un terme à sa vie. À Marcel Jullian, venu le voir un jour de l'hiver 1969-1970, il confie : « Je travaille beaucoup. Si Dieu me prête vie et si j'en ai le temps et la force, j'écrirai trois tomes de *Mémoires*. »[2] Et à Michel

135

Droit, l'été suivant, alors qu'il travaillait au second volume : « Si Dieu me prête vie, j'espère avoir terminé dans un an. »[3] Autrefois, lorsqu'un ambassadeur ou un chef d'État étranger en visite à Paris l'invitait à se rendre dans son pays, il répondait généralement par l'affirmative, en n'omettant jamais de préciser : « Si Dieu me prête vie... »[4]

Pierre-Louis Blanc signale en outre qu'une fois au moins le retraité de la Boisserie avait usé d'une « expression d'une candeur plus populaire », qui lui était venue instinctivement aux lèvres : « Si le Bon Dieu me prête vie... »[5] Expression révélatrice d'un certain fatalisme typiquement gaullien : la vie est indissociable de la mort et la suprême sagesse ne réside-t-elle pas dans l'acceptation sans murmure et sans gémissements inutiles de l'inéluctable ? Cela explique probablement que, pour lui, sa santé n'ait jamais été un sujet de conversation : « Si quelque rhume le tourmentait, précise Pierre Lefranc, il importait de n'en pas faire mention, de ne pas demander de nouvelles, de ne pas le remarquer. »[6]

S'il est un homme qui, sans jamais tomber dans l'excès, ne sut jamais se montrer « raisonnable », c'est bien Charles de Gaulle. En témoigne, entre plusieurs autres, le très curieux épisode révélé par le général Billotte dans ses *Mémoires*. À la mi-avril 1942, de Gaulle tomba soudain gravement malade et les quelques médecins consultés dans le plus grand secret avouèrent tous leur impuissance à établir un diagnostic sérieux : « Contre notre espoir, le Général s'affaiblissait, et nous dûmes, avec angoisse et terreur, envisager le pire... »[7]

Il venait d'inspecter un contre-torpilleur à la base de Hull ; c'est à peine s'il eut la force de prononcer, le 18 avril, à la radio de Londres, un discours à la suite du remplacement de Darlan par Laval. Il se mit aussitôt après au lit et n'en put sortir jusqu'à la fin du mois. « Sa prostration tournait au coma, précise le général Billotte. Il était hors d'état d'expliquer ce qui n'allait pas. »[8] Ce fut le docteur André Lichtwitz qui le sauva : ancien médecin personnel de Paul Reynaud, célèbre pour la sûreté de ses diagnostics, il se trouvait alors à Lisbonne. Convoqué à Londres, il fut conduit sans délai au chevet du chef de la France Libre : « Le Général, allongé sur son lit, complètement immobile, était d'une pâleur mortelle ; il était dans la quasi-incapacité de s'exprimer ; il ne prêta pas grande attention à notre présence... » [9]

L'examen dura une demi-heure. Le diagnostic fut très clairement formulé : « cas aigu de paludisme », aggravé par le manque d'exercice, l'abus de tabac et la fatigue nerveuse. A cinquante-deux ans, Charles de Gaulle ne montrait aucun égard à son organisme. Le traitement fut entrepris sur-le-champ ; il fut sur pied quelques jours plus tard. La France Libre revenait de loin : survenant après l'affaire Muselier, la disparition ou la mise à l'écart de son chef pour raison de santé eût peut-être entraîné la disparition ou la mise à l'écart du mouvement.

*
* *

L'indifférence de De Gaulle à l'égard de sa santé est illustrée de manière plus spectaculaire encore par son tabagisme. Il a fumé jeune et s'est toujours montré un grand fumeur. En 1936, il avait arrêté, par crainte du cancer, assure Henri Guillemin. [10] Il s'était remis à cette fâcheuse habitude pendant la « drôle de guerre » ; sa consommation de cigarettes était alors de l'ordre de trois paquets par jour — sans compter les cigares. En juin 1940, le général Spears, qui le rencontre à Briare, en donne cette description : « J'avais noté qu'il ne cessait pas un instant de fumer, allumant une cigarette avec le bout de la précédente, les lèvres serrées formant un rond, une grimace que j'avais déjà remarquée et qui devait lui être familière. » [11]

De nombreuses photographies du temps de la guerre montrent cette « grimace » figée du fumeur impénitent.

De Gaulle n'écoute pas le docteur Lichtwitz, devenu son médecin personnel, qui ne cesse de prodiguer des avertissements de plus en plus pressants, finissant même par lui assurer que, s'il continuait ainsi, il n'en aurait plus pour longtemps. [12]

Subitement, à l'automne 1947, il arrête la cigarette ; quelques jours plus tôt, le 28 novembre, le général Leclerc s'est tué en avion près de Colomb-Béchar. « Cette décision de ne plus fumer serait consécutive à un ordre médical, écrit Pierre Lefranc. Mais ce qui est curieux, c'est qu'elle correspond à peu près à la date de la mort du général Leclerc. » [13] D'autres proches vont plus loin : si de Gaulle s'est arrêté de fumer, c'est « pour sauvegarder une santé que la mort de Leclerc rendait plus nécessaire au salut national » [14].

L'hypothèse paraît aventurée : Georges Buis (qui s'affirme sur ce point « un témoin formel ») la combat vigoureusement : « Il a cessé de fumer parce qu'il voulait vivre. La mort de Leclerc n'y est pour rien, qui n'était à ses yeux qu'un général particulièrement efficace. » [15]

L'histoire des relations entre de Gaulle et Leclerc est à écrire. Elle a été esquissée par Anne et Pierre Rouanet, qui soulignent les contradictions entre les deux hommes, sans exclure l'hypothèse selon laquelle l'ancien chef de la France Libre considérait l'ancien chef de la 2e DB comme « un recours » [16]. Quoi qu'il en soit, et pour une fois, de Gaulle se montre « raisonnable » en arrêtant de fumer ; cette abstinence permet de constater qu'il établit une relation entre l'abus de tabac et le risque mortel. Quelque vingt ans plus tard, il confiera à Pierre-Louis Blanc : « Je me suis arrêté d'un coup. Ça a été terrible. Mais, comme je l'avais fait savoir à ma femme et à mon aide de camp, je ne pouvais plus reculer. » [17] Jusqu'à sa mort et malgré un usage constant de pastilles adoucissantes, il sera secoué de quintes de toux.

*
* *

Au début de 1952, de Gaulle perd un autre proche compagnon d'armes : le général de Lattre de Tassigny meurt à Paris le 11 janvier, des suites d'un cancer. La disparition du commandant en chef en Indochine, porteur d'une grande part de l'espérance française, l'afflige. Le « système » joue sur du velours : il décide de faire à de Lattre des obsèques nationales et de l'élever à la dignité de maréchal de France (que Leclerc se verra attribuer quelques jours plus tard).

Deux jours plus tôt, le président Auriol a demandé à Jacques Soustelle, alors chef de file des gaullistes parlementaires, de succéder à Pleven à la présidence du Conseil. Soustelle est tenté d'accepter, mais il ne peut donner une réponse définitive qu'après avoir consulté les instances dirigeantes du RPF et le Général. Le même jour — 3 janvier 1952 — de Gaulle préside la réunion du conseil de direction du Rassemblement, qui se tient rue de Solferino, réunion houleuse, qui entraîne le désaveu de Soustelle. De Gaulle condamne ceux qui se laissent corrompre par « les poisons et les délices » du régime abhorré.

Le 16 janvier, au lendemain des obsèques de De Lattre, il rédige dans le plus grand secret ses dernières volontés en trois exemplaires, dont le premier est destiné à son chef de cabinet, Georges Pompidou. Texte bref, sobre, hautain. Il souhaite des obsèques simples (« Je ne veux pas d'obsèques nationales »), sans musique, ni fanfares, ni sonneries, sans discours sur la tombe ni oraison funèbre au Parlement, mais il n'est pas hostile à l'idée que « les hommes et les femmes de France » accompagnent son corps jusqu'au cimetière de Colombey. Il recommande expressément : « C'est dans le silence que je souhaite qu'il y soit conduit. »

Triste année 1952, qui voit la désintégration du RPF s'accélérer : le 6 mars, vingt-sept députés gaullistes votent l'investiture du cabinet formé par Antoine Pinay ; le 18 mai, aux élections pour le renouvellement partiel du Sénat, le Rassemblement n'obtient que 35 sièges sur 165 à pourvoir ; le 6 juillet, le conseil national élargi enregistre la démission des députés ayant voté la confiance au gouvernement... Triste année pour les idées gaullistes, qui voit la signature à Paris, le 27 mai, du traité instituant une Communauté Européenne de Défense (CED) et l'entrée en vigueur, le 25 juillet, du « Pool Charbon-Acier »...

Triste année pour de Gaulle, qui s'est ouverte sur la mort d'un compagnon et qui doit s'achever sur une opération dont il y a tout à redouter : celle de la cataracte, subie le 27 décembre. Il se sent gagné par la morosité et il ne s'en cache pas. Au cours de l'été, il confie au préfet Jacques Bruneau, délégué du RPF pour la Bretagne : « Notre affaire est mal partie... Je rentre à Colombey et je mets le RPF en veilleuse... » [18] Le Rassemblement n'a pas à être mis en veilleuse : il s'y trouve déjà. Les fidèles sont « allés à la soupe » ; de Gaulle n'a plus qu'à se retirer à Colombey.

Voici novembre...

Une fois encore — la dernière peut-être — il fixe la ligne de conduite à laquelle il entend se tenir désormais. En public, lors de la clôture des cinquièmes Assises nationales du RPF, il prononce le 11 novembre un grand discours au Vélodrome d'Hiver. Il y évoque les faiblesses du gouvernement et rappelle les fondements de la doctrine gaulliste. En privé, quelques jours plus tard, à l'occasion de son anniversaire, il confie : « Aujourd'hui, j'ai soixante-deux ans et, à partir de ce moment-là, tout se fait, et pour moi et pour les autres, en fonction de ma mort. » [1]

Phrase terrible, décisive, prononcée au moment où la débâcle du RPF est consommée, alors que de Gaulle a acquis la conviction qu'il ne reviendra jamais au pouvoir et où une prochaine intervention chirurgicale risque de lui faire perdre la vue. Elle ne réussira qu'à moitié : certes, il ne perd pas la vue, mais il ne récupérera jamais une vision normale et devra s'habituer à vivre dans une demi-pénombre. « S'il fut sauvé de la cécité, sa vue en sortit très diminuée », confirme Pierre-Louis Blanc, qui rappelle que, dès 1948, de Gaulle ne voyait plus que les grandes masses et les taches de couleur et ne pouvait reconnaître sans lunettes à verres épais le visage de ses interlocuteurs. [19]

Cette véritable infirmité ne manquera pas d'avoir des conséquences sur son état moral. Raymond Tournoux l'entendra un jour murmurer : « Je ne souhaite pas à mon pire ennemi de souffrir ce que je souffre. » [20] Son gendre, qui confirme que cette opération l'a « fatigué », évoque la hantise de De Gaulle de porter en permanence des lunettes : « Vous voyez de Gaulle passant en revue les troupes avec des lunettes épaisses sur le nez, se lamente-t-il. Non, ce n'est plus possible, il faut savoir tourner la page ! » [21]

Les années passant, il apprend à composer avec ce handicap. Dans les années soixante, François Flohic mit au point une méthode consistant à annoncer discrètement au Général les obstacles — notamment les marches d'escaliers — qui se présentaient devant lui : « Sans lunettes, admet l'aide de camp, il était très gêné. » [22] Cependant, le mal n'empira pas et il ne fut jamais sérieusement menacé de perdre la vue.

*
* *

Les années qui suivirent l'opération de la cataracte furent dépourvues d'incidents notables. L'âge venant, il avait d'autant plus de mal à résister à l'embonpoint qu'il souffrait d'un relâchement général des muscles abdominaux (ptôse), providence des caricaturistes. Le père Couturier, qui l'avait rencontré au cours de l'hiver 1949-1950, avait eu l'impression qu'il se trouvait dans « un certain état pathologique », peut-être dû à la fatigue ; il était « un peu bouffi » et, avait alors noté le religieux, « beaucoup plus gros qu'autrefois » [23]. Il n'est pas douteux que le « bon coup de fourchette » dont parle Philippe de Gaulle explique en grande partie cette corpulence excessive.

Cependant, c'est un homme qui, malgré son âge — soixante-sept ans révolus —, paraît en pleine santé lorsqu'il revient au pouvoir. « Pendant tout le temps de son règne, rappelle Jean Mauriac, il a toujours fait preuve d'une vigueur, d'une endurance, d'une volonté de ne jamais prendre en compte la moindre fatigue, et d'une sorte d'alacrité peu communes. » [24] Comme tout le monde, il sera atteint par la grippe et parfois sujet à de fortes fièvres ; à l'inverse de tout le monde, il ne s'alitera jamais pour si peu. Il n'admettait d'ailleurs jamais qu'il était malade et, lorsque la fatigue était trop visible, il se contentait de prendre de l'aspirine, assimilée pour lui à une sorte de panacée. « S'il avait mal à la gorge ou seulement pour s'éclaircir la voix avant un discours, précise Jean Mauriac, il prenait des pastilles d'Euphon. » [24]

Du 9 au 12 décembre 1960, il effectua en Algérie un voyage éprouvant. L'aspirine et les pastilles contre la toux ne pouvaient suffire contre la fatigue et, surtout, contre l'inquiétante hémorragie qui se déclara à Telergma. Des taches de sang furent découvertes sur le siège de la voiture présidentielle ; on crut tout d'abord à un attentat. Au médecin de l'Élysée qui l'accompagnait, de Gaulle demanda : « Est-ce grave ? Si ça l'est, combien de temps estimez-vous que j'ai encore à vivre ? » [24] Questions beaucoup trop embarrassantes pour un jeune interne ! Accouru dans le plus grand secret, le docteur Lichtwitz prodigua des apaisements, mais exigea que le voyage fût écourté. L'émeute musulmane qui ensanglanta au même moment l'Algérie fournit un prétexte tout indiqué pour un retour précipité en métropole.

Quelques mois plus tard, le 23 avril 1961, au plus fort du putsch algérois, le docteur Lichtwitz était reçu à l'Élysée. Le Général souffrait d'une poussée de laryngite ; l'examen fut bref et les prescriptions sans surprise. Mais, au moment où le médecin allait prendre congé, de Gaulle lui remit une enveloppe de format courant, cachetée avec de la cire. Interloqué, Lichtwitz lut cette mention, de la main même de son illustre patient : « 23-4-61, André Lichtwitz, À ouvrir si je disparais, à notifier alors aux intéressés. Si je n'ai pas disparu le 26 avril 1961, me rendre le pli tel quel. C. de Gaulle. »[25]

Fidèle parmi les fidèles, Lichtwitz empocha sans commentaire le pli, qu'il rapporta scrupuleusement trois jours plus tard. L'épisode soulève une série de questions jamais résolues : de Gaulle redoutait-il un attentat ou avait-il des inquiétudes pour sa santé ? Que contenait le pli ? Pourquoi avoir choisi le docteur Lichtwitz, totalement étranger au monde politique et qui n'était pas un membre de l'entourage ? Plus troublant encore : à quoi correspond cette date du 26 avril qui, rappelons-le, est le jour de l'effondrement du putsch des généraux ? Singulière procédure, que l'on peut, en toute logique, mettre sur le compte d'un certain affolement devant une situation d'une extrême gravité.

Deux mois plus tard, la laryngite revient en force. La toux tient éveillé de Gaulle la plus grande partie de la nuit ; il est à nouveau dans un état d'épuisement qui inquiète l'entourage. Lui-même se montre très impressionné par cette « fatigue immense »[26], qui lui rappelle ses spectaculaires baisses de tension de 1943, lorsqu'il dut se reposer quelque temps à El Goléa, et de 1946, au lendemain de son départ des affaires. Un voyage officiel est alors prévu dans l'Est ; des allègements au programme initial sont aussitôt décidés. Très abattu, de Gaulle confie à Louis Joxe : « Je ne veux pas que ma maison assiste à ma déchéance physique. Il y a donc deux solutions : ma démission ou ma mort. »[27] On choisit de démissionner ; on peut également choisir de mourir...

L'accueil chaleureux des populations lorraines le réconfortera, mais l'alerte aura été chaude.

*
* *

Quatre ans après l'alerte de Telergma, une nouvelle alerte, juste avant l'éprouvant voyage au Mexique et aux

Antilles en mars 1964, entraîna la pose d'une sonde et rendit absolument nécessaire l'opération de la prostate. De Gaulle ne voulant pas différer son voyage, le professeur Aboulker obtint qu'il fût étroitement suivi par un de ses assistants, durant tout le périple qui dura neuf jours. Jean Mauriac n'est pas le seul à se demander où il trouve le courage de faire ce long déplacement avec une sonde sans jamais se plaindre, sans jamais sourciller, « sans que personne s'en aperçoive » [24].

Il rentre à Paris le 24 mars ; il est hospitalisé à Cochin le 17 avril pour y subir une prostatectomie. À soixante-treize ans passés et en dépit de la haute compétence des chirurgiens (l'équipe du professeur Aboulker), des risques existent et de Gaulle en est le premier conscient, quitte à les exagérer : « S'il devait arriver que je disparaisse prochainement... », se laisse-t-il aller à écrire le 12 avril. [28] La veille de son entrée à l'hôpital, il prononce à l'Élysée une allocution radiodiffusée et télévisée consacrée au bilan économique et social du gouvernement : « Il a asséné aux auditeurs une avalanche de chiffres, de pourcentages, de statistiques, d'indices, comme jamais on n'en avait entendu dans sa bouche », note Viansson-Ponté. [29] Une manière originale de prendre congé — au cas où...

Viansson-Ponté assure qu'il aurait confié au « même homme de confiance » qu'en avril 1961 un nouveau pli scellé — son « testament politique » — « à n'ouvrir qu'après ma mort ». C'est vraisemblable, au détail près qu'il ne saurait s'agir du docteur Lichtwitz, mort d'un cancer au cours de l'été 1963. [30]

Une fois encore, ses inquiétudes seront vaines. L'intervention est réussie ; de Gaulle quitte l'hôpital Cochin le 30 avril, « ragaillardi, note Lacouture, par la constatation qu'il a bien surmonté l'épreuve » [31]. Dès le 8 mai, il préside la cérémonie commémorative de la victoire de 1945 à l'Arc de Triomphe ; le 25, il se rend dans l'Est et en Allemagne pour inaugurer le canal de Moselle. Et, le 31 décembre suivant, sur le mode mi-ironique, mi-fataliste où il excelle, il confie aux journalistes qu'on ne « s'ennuiera pas » en 1965, ajoutant : « Certes, il peut y avoir des choses imprévues : une balle, par exemple, peut tout changer... »[32]

« Une balle », pas un accident de santé — ce qui ne veut naturellement pas dire, si l'on en croit Maurice Schumann, que de Gaulle ne soit pas, à la même époque, sujet à « la hantise de Pétain vieillissant »[33]...

Aux journalistes toujours, il assure, lors de la conférence de presse du 4 février 1965 : « Je ne vais pas mal. Mais, rassurez-vous, un jour, je ne manquerai pas de mourir... » Il vient d'entrer dans sa soixante-quinzième année, et les mêmes journalistes qui s'esclaffent en entendant ce bon mot ne manquent pas de souligner la spectaculaire augmentation du tour de taille depuis sept ans, les hésitations de la démarche, le chevrotement de la voix. Pourtant, l'année suivante, seuls les proches s'apercevront qu'il rentre de son voyage officiel en URSS, au mois de juin, avec un œdème de la cheville droite, conséquence, suppute Flohic, d'une blessure de guerre (?) ou, plus probablement, de la déformation de la voûte plantaire due au port de nouvelles chaussures, à quoi s'ajoutent des problèmes de circulation, dus à l'usure et au vieillissement d'un organisme qui n'a pas été beaucoup ménagé.

Jean Mauriac fait état d'une nouvelle alerte, « de caractère circulatoire », un mois avant un nouveau voyage à Moscou, dans la nuit du 13 au 14 mai 1967. Cette fois, Mme de Gaulle croit à une attaque ; le Général garde la chambre une journée entière, ce qui n'arrivait qu'exceptionnellement, et c'est apparemment un de Gaulle en pleine forme qui tient, le 16 mai, une conférence de presse essentiellement consacrée aux questions européennes. Mais c'est vraisemblablement à partir de ce moment-là qu'il acquit la conviction qu'il était plus profondément atteint qu'il ne le laissait paraître et que « ses jours, assure Jean Mauriac, allaient lui être comptés »[24].

Le 24 juin, pendant l'étape d'Akademgorodok, il confie à François Flohic : « Il me faudrait du repos, que je n'ai aucune chance d'avoir avant la fin du voyage. Je crains de ne pas pouvoir tenir le coup. »[34] Craintes non fondées : le médecin qui l'accompagne lui fait des infiltrations qui l'aident à continuer. Mais, pas plus que la toux, l'œdème de la cheville ne disparaîtra jamais.

Quelques jours plus tard, évoquant un voyage à Madagascar prévu pour 1968, il s'interroge : « Qui sait si les circonstances se prêteront, dans un an, à ce voyage ? Serai-je seulement encore en vie ? » [35] Les événements de mai 1968 vont surprendre un vieil homme — soixante-dix-sept ans et demi — qui n'a plus la même capacité de réagir et de résister qu'au moment de son retour, dix ans plus tôt.

« Évidemment, mon père est fatigué, confie Philippe de Gaulle à François Flohic ; il y a l'âge et puis il ne dort pas ou peu ; mais il m'a assuré qu'il ne lâcherait pas. » [36]

Le manque de sommeil, si répandu chez les vieillards, l'atteint tout spécialement : s'il quitte Paris le 29 mai 1968, c'est, bien sûr, pour aller se « ressourcer » à Baden auprès de Massu, mais aussi pour trouver un peu de repos à Colombey. Il a besoin au minimum d'une grande nuit de sommeil et c'est « regonflé » qu'il revient à Paris le lendemain, bien décidé à reprendre les choses en main. Il donne à tous ses proches, un instant désemparés, l'impression d'un homme qui a repris le dessus, faisant preuve d'une vigueur miraculeuse, et dont l'état de santé ne donnerait désormais plus d'inquiétude. Prêt à lui présenter sa démission, Georges Pompidou se ravise lorsqu'il s'aperçoit « qu'il n'a pas devant lui le vieillard fatigué des dernières semaines mais le de Gaulle des grands jours » [37].

L'entourage se reprend à espérer : « Le Général possédait une très solide santé, assure Pierre Lefranc, et, mis à part quelques rhumes et des incidents techniques, telles ses opérations de la cataracte et de la prostate, je ne l'ai jamais vu malade. » [38] François Goguel, on l'a vu, ne sera pas le seul, l'année suivante, à être ébloui par la « forme physique » à quelques jours de sa mort. Reçu à Colombey le 30 décembre 1969, en compagnie de son fils aîné Jean-Noël, maître-assistant d'histoire à Nanterre, Jean-Marcel Jeanneney trouve un de Gaulle « très en forme », « plein d'entrain », « grand raconteur d'histoires » :

« Toute une partie du repas, racontera-t-il à Jacques Chapus, il a fait assaut d'érudition avec mon fils (...). Ça l'amusait de faire parler ce garçon de vingt-sept ans : il l'a interrogé sur les drames de l'Université, la situation à Nanterre ; ils ont parlé de la Tchécoslovaquie, de l'Union soviétique. Les sujets étaient sérieux, la forme plaisante. Mme de Gaulle était, elle aussi, tout autre, comme visiblement soulagée... » [39]

Rares, parmi les proches, sont ceux qui admettent l'idée que le Général n'est plus désormais qu'un « vieil homme recru d'épreuves » et il y a sans aucun doute une part de sincérité dans le propos recueilli par François Flohic après l'échec du référendum d'avril : il aurait peut-être préféré que « cela » se termine autrement, il aurait sûrement préféré renoncer au pouvoir à la date qu'il aurait choisie, mais il n'est sûrement pas tout à fait mécontent que « cela » se soit terminé ainsi.

*
* *

Quelles sont, à présent, ses perspectives ?

« Après des semaines de légitime amertume et de déception, assure Philippe Alexandre, le général de Gaulle, à soixante-dix-neuf ans, découvre la sérénité. » [40] Les choses sont-elles aussi simples ? Le chroniqueur s'abrite derrière une confidence de Mme de Gaulle : « Aujourd'hui, il a tourné la page : il est tout à ses travaux. » Mais comment imaginer un de Gaulle à jamais privé de toute espérance politique ? Le 23 juin 1969, il reçoit à Cashel Bay Hotel, en Irlande, l'ambassadeur Emmanuel d'Harcourt et lui fait un grand exposé sur la politique extérieure de la France, donnant l'impression, note Flohic, qu'il est encore « aux affaires ». Mais cette visite l'a fatigué et, après le départ de l'ambassadeur, Mme de Gaulle dit à l'aide de camp :

— Il ne faut plus remuer le fer dans la plaie, qu'on ne lui parle plus de cela, plus de visiteurs, plus de contacts politiques. [41]

La « sérénité » ne viendra que plus tard. L'année suivante, reçu par le chef de l'État espagnol au palais du Prado, il lui adressera, dit-on, cette singulière petite phrase : « Vous êtes le général Franco... J'*étais* le général de Gaulle ! » A-t-elle été réellement prononcée ? Cela paraît douteux et n'est, en tout cas, confirmé par aucun témoin de l'entrevue. Mais quel superbe pastiche que cette repartie probablement apocryphe ! C'est vrai qu'il ne se sent réellement plus rien dès lors qu'il ne peut plus « rendre de services », comme il dit, dès lors qu'au pouvoir ou non, il n'a plus en main la charge de la France.

De Gaulle n'est pas encore mort mais, déjà, il ne se sent plus exister.

Au Grand Chancelier de l'Ordre de la Libération, Claude Hettier de Boislambert, qui souhaite le voir participer aux cérémonies du Mont-Valérien, pour le trentième anniversaire de « l'Appel », il fait répondre que « c'est fini », qu'il n'ira plus jamais au Mont-Valérien. [42] Il se montre moins catégorique avec un autre correspondant, ancien condisciple du collège d'Antoing, qui fête le soixantième anniversaire de son entrée en religion, mais il n'autorise guère d'espoirs : « Pour le moment, je reste dans ma thébaïde et ne vois pas le moyen de nous réunir avec nos camarades, écrit-il au RP Lepoutre. Peut-être un jour le pourrai-je ? » [43] Il sait bien que non. Il sait bien qu'il le pourra d'autant moins qu'il n'en a aucune envie, même s'il lui arrive de donner le change.

Après le voyage en Espagne du printemps 1970, il accueille avec un certain intérêt le projet de rencontre avec Mao Tsé-Toung, mis sur pied par l'ambassadeur Étienne Manac'h et discrètement préparé par André Bettencourt, Couve de Murville et Jacques Rueff, ainsi qu'un curieux projet de voyage à l'île de Pâques, présenté par l'ambassadeur au Chili René de Saint-Légier (qui avait été son conseiller diplomatique à l'Élysée) ; une invitation lui est même adressée par le président chilien Eduardo Frei.

« Il est permis de rêver, écrit René de Saint-Légier, sur ce qu'eût pu être le tête-à-tête de Charles de Gaulle et des *mohai*. Le regard perdu des grandes statues tournées vers la mer n'aura pas croisé celui du vieux chef français qui (...) donnait encore l'exemple d'une curiosité à satisfaire. » [44]

La curiosité n'était pas seule en cause. De Gaulle souhaitait à tout prix se trouver hors de France chaque 18 juin, anniversaire du « sursaut national ». « Depuis l'échec du référendum du 27 avril 1969, explique un proche collaborateur, il estimait que quelque chose était rompu entre lui et les Français. (...) En 1969, les Français se détournèrent du général de Gaulle pour la première fois. Ce fut entre lui et eux une rupture historique. » [45]

Peu de visiteurs — en dehors de la famille et des collaborateurs directs — parviennent à franchir les grilles de la Boisserie : deux douzaines en dix-huit mois. Le tri est sévère : Couve de Murville, Messmer, Malraux, Jeanneney sont reçus ; Debré, Chaban-Delmas, Michelet demandent à l'être — et ne le seront pas. « Oui, ils m'écrivent, confie de Gaulle à Messmer ; ils veulent me voir. Je me suis décidé : je ne les verrai jamais... » [46] Aucune raison ne sera donnée ; aucune allusion au fait que ces hommes, fidèles entre les fidèles, auraient démérité. C'est ainsi. En novembre 1969, il accordera une audience à deux anciens collaborateurs, René Brouillet et Burin des Roziers. Ils ne décelèrent dans ses propos aucune amertume : « Il nous raccompagna jusqu'à la voiture, raconte René Brouillet, et nous fit un geste de la main. Nous eûmes tous les deux au même moment le pressentiment que nous venions de le voir pour la dernière fois. Étrange, puisqu'il nous avait paru en pleine forme... » [47]

Le 27 octobre 1970, de Gaulle dit à Pierre-Louis Blanc, qui s'inquiétait de le voir secoué par des quintes de toux : « C'est assommant, mais ça n'a plus guère d'importance désormais. » [48] S'il est quelqu'un qui connaît ses chances de survie, c'est bien de Gaulle lui-même. Depuis quelque temps déjà, il n'use plus de la sacro-sainte expression : « Si Dieu me prête vie... »

CHAPITRE VII

La mort de près

« J'ai à peine franchi la vingtaine de mètres qui nous séparent de l'entrée du pont que je reçois au genou comme un coup de fouet qui me fait manquer le pied. (...) Je tombe et le sergent Debout tombe sur moi, tué raide. (...) C'est une grêle épouvantable de balles autour de moi. (...) Je me dégage de mes voisins, cadavres ou ne valant guère mieux, et me voici rampant dans la rue sous la même grêle... Comment je n'ai pas été percé comme une écumoire durant le trajet, ce sera toujours le lourd problème de ma vie. » [1]

C'est à l'hôpital Desgenettes de Lyon que le lieutenant de Gaulle rédige en septembre 1914 le récit du premier combat auquel il a participé deux mois plus tôt, le 15 août, dans la région de Rocroi. Car, s'il n'a pas été transformé en « écumoire », il n'en a pas moins été touché : « plaie au péroné droit avec paralysie du sciatique par balle ». Il a, pour la première fois, vu la mort de près et il ne pourra jamais l'oublier. À moins de vingt-quatre ans, il expérimente cette vérité d'évidence : la mort est la plus proche compagne de l'homme, toujours embusquée, toujours vigilante — surtout quand cet homme a choisi le métier des armes !

153

Remonté en première ligne dès la mi-octobre, alors qu'il est à peine remis de cette première blessure, de Gaulle se voit, dès le mois de décembre, proposé par son colonel, « père » du 33e d'Infanterie, d'être son adjoint. « C'est d'un puissant intérêt pour le jeune lieutenant que je suis, remarque-t-il (...), sûr de m'instruire beaucoup à ces fonctions, si Dieu me prête vie. » [2]

Nouvelle blessure trois mois plus tard, le 10 mars 1915, au Mesnil-lès-Hurlus, près de Suippes : cette fois, le capitaine de Gaulle a la main gauche traversée par un éclat. Blessure apparemment légère, mais qui s'accompagne d'une vive souffrance, d'une grosse fièvre et d'une paralysie temporaire des doigts. Moins de deux mois plus tard, il « rentre dans l'Humanité », comme il l'écrit à sa mère. [3]

L'année suivante, il manque bien sortir de l'Humanité une bonne fois. Chef de la 10e compagnie du 33e RI, il est grièvement blessé à Douaumont : un coup de baïonnette lui perce la cuisse gauche. Il est laissé pour mort sur le terrain. Lorsqu'il reprend connaissance, il est prisonnier de la Garde prussienne, avec les survivants de l'engagement, et le restera jusqu'à la fin de la guerre. Officiellement considéré comme « disparu », il est cité à l'ordre de l'armée, avec la mention suivante : « Est tombé dans la mêlée. » [4] Henri de Gaulle annoncera alors à ses proches : « Mon fils est mort en faisant son devoir. » L'information était inexacte, mais il avait vu la mort d'encore plus près que les fois précédentes.

« Tous ceux, remarque Jean Lacouture, qui ont approché de Gaulle à cette époque (...) l'ont reconnu d'une impassibilité presque inhumaine dans de telles circonstances, superbement insensible à la terreur comme à la douleur (...) et, au surplus, porté par un orgueil et un sens du devoir au-delà du commun. » [5]

Impassibilité : c'est le maître mot pour définir le comportement de Charles de Gaulle devant la mort. Impassibilité indissociable de l'orgueil et du sens du devoir. « À l'âge, écrit Pierre Lefranc, où il est de coutume de profiter de la vie, c'est la guerre et, par conséquent, la compagnie de la mort. Elle frappe sans relâche les camarades, les hommes. (...) Les sorties, la joie de vivre, les espoirs fous, tout cela est remplacé par les brutalités de la nature et d'innombrables cadavres. Le choc est terrible. » [6] L'expérience, on en conviendra, a de quoi marquer une génération tout entière et de Gaulle, rescapé de l'enfer, en restera marqué à jamais.

« Le Général appartenait à une génération décimée, dont la familiarité avec la mort avait été constante, explique Maurice Schumann. Celle-ci n'avait plus le caractère effrayant qu'on lui attribue d'ordinaire ; la guerre de 14 délivra à jamais les survivants de la peur de la mort. » [7]

Tous les témoignages concordent sur ce point : il n'est que de lire les ouvrages de Maurice Genevoix, de Roland Dorgelès ou de Jean Guéhenno. Selon Pierre Messmer, l'idée de la mort a « habité l'esprit du Général depuis sa jeunesse », mais c'est bien l'hécatombe de 14-18 qui constitue « le moment le plus important de sa réflexion ». On peut dire, ajoute-t-il, qu'il a vécu, suivant la formule de Pascal, « à l'ombre de la mort » [8].

L'impassibilité devant sa propre mort est sûrement la principale raison de l'impavidité de Charles de Gaulle devant la mort en général. *

« La seule chose que je puisse dire sur l'attitude du Général devant la mort, déclare Maurice Druon, que ce soit dans la guerre ou la paix, le pouvoir ou le retrait, la jeunesse ou le grand âge, ressort de la simple observation de son prodigieux destin et se résume à mes yeux d'un seul mot : impavidité. C'était un don du ciel, mais renforcé par la volonté. » [9]

Unamuno distinguait trois attitudes devant la mort :

1) « Je sais que je meurs en entier, et alors c'est le désespoir irrémédiable » ;

---

* L'impavidité ajoute à l'impassibilité (qui est une insensibilité apparente, un calme manifesté dans des circonstances extraordinaires ou inattendues) l'idée plus dynamique de bravoure et de détermination que les événements ne sauraient ébranler.

2) « Je sais que je ne meurs pas en entier, et alors c'est la résignation » ;

3) « Je ne peux savoir ni l'un ni l'autre, et alors c'est la résignation dans le désespoir ou celui-ci dans celle-là (...) et la lutte. » [10]

Aucune de ces attitudes n'est gaullienne. Charles de Gaulle semble aussi étranger au désespoir qu'à la résignation, comme à toute combinaison des deux. Il est sûrement plus proche de l'idée d'acceptation, avatar du stoïcisme, chère à Montherlant.

*
* *

Se fondant sur trois épisodes significatifs (la guerre de 14-18, la fusillade de Notre-Dame d'août 1944 et l'attentat du Petit-Clamart, en août 1962), Pierre-Louis Blanc assure que de Gaulle « ne donna jamais l'impression que la peur eût sur lui la moindre prise » [11].

La fusillade de Notre-Dame est une des nombreuses énigmes de la Libération de Paris. Mais, d'abord, a-t-elle réellement eu lieu ? Robert Aron ne le nie pas mais se fait l'écho d'interprétations qui enlèvent à l'événement tout caractère dramatique : hallucination collective ou envol de pigeons ? On ne saura peut-être jamais la vérité de manière indiscutable. Le 26 août 1944, à Notre-Dame de Paris, il y eut bien des « tireurs de toit » (communistes, miliciens, opposants du Conseil National de la Résistance ?). Mais leur but était, semble-t-il, moins d'abattre de Gaulle — ils y seraient parvenus sans grande difficulté, s'ils l'avaient voulu — que de créer un climat de panique propice à un changement politique. Le lendemain, dans une lettre à sa femme, restée à Alger, de Gaulle évoquera « une sorte de fusillade, qui n'était qu'une tartarinade » [12]. Il reviendra sur l'incident dans ses *Mémoires de Guerre* : « Il me paraît tout de suite évident qu'il s'agit là d'une de ces contagieuses "tirailleries" que l'émotion déclenche parfois dans les troupes énervées, à l'occasion de quelque incident fortuit ou provoqué. » [13]

Sur le moment, pourtant, tout le monde est persuadé de la réalité d'un danger. Leclerc et Hettier de Boislambert s'emploient énergiquement à faire cesser la riposte des soldats et des policiers qui tirent n'importe où. La plupart des assistants se sont jetés à plat ventre entre les rangées de chaises, de Gaulle, lui, n'a pas bougé ; sa haute taille fait de lui une cible facile, mais il résiste à l'instinct de conservation et à la peur. Il ne s'agit pas seulement de la peur de la mort, mais de la peur panique, qui pousse n'importe quel individu normalement constitué, en présence d'un danger pressant, à se cacher ou à s'enfuir. Car de Gaulle n'ignore pas la peur ! Le témoignage du capitaine Guy, son aide de camp, rapporté par Claude Mauriac, l'établit indiscutablement : lorsqu'il quitte la basilique sous les tirs qui continuent, sporadiques, le Général est agité d'un frisson qui, à n'en pas douter, même s'il est vite réprimé, trahit bel et bien la peur. [14]

« Une balle peut tout changer », disait-il en 1965. Il ajoutait alors : « On peut échapper aux balles, on peut les éviter. » [15] Il savait de quoi il parlait. Si l'on en croit un ouvrage qui, certes, n'emporte pas la conviction de bout en bout [16], de Gaulle fut l'objet de trente et un attentats ou tentatives d'attentats, dont, admettent les auteurs, cinq seulement sont « vraiment connus ». On ajoutera que, sur ces cinq, deux seulement peuvent être pris au sérieux (Pont-sur-Seine et le Petit-Clamart) ; quant à la seule tentative qui faillit aboutir, il ne peut s'agir que de la machine infernale mise au point à l'occasion de la venue du Général au Mont-Faron, à Toulon, le 15 août 1964. Tout le reste est du domaine du rêve ou de la velléité.

Dans la soirée du 8 septembre 1961, les de Gaulle foncent vers Colombey, à bord d'une DS 21. En dehors du chauffeur, Francis Marroux, un aide de camp de service a pris place dans le véhicule ; trois voitures de sécurité suivent. Peu avant 22 heures, entre Grancey et Pont-sur-

157

Seine, une explosion barre la route ; la voiture présidentielle est légèrement déportée sur le bas-côté, mais Marroux appuie sur le champignon. Ce qui pourrait n'être qu'une folie du chauffeur a des conséquences heureuses : la voiture franchit le mur de feu et poursuit sa route. Dans le rétroviseur, Marroux regarde le Général : « toujours aussi droit et aussi calme » [17].

Un peu plus loin, il s'arrête : le Général change de voiture. Il aurait, à ce moment-là, rugi : « Quels maladroits ! » [18] Certains citent un qualificatif plus bref et encore plus expressif...

Moins d'un an plus tard, le 22 août, de Gaulle échappe à un nouvel attentat, le seul qui ait très directement mis sa vie en danger. Au carrefour du Petit-Clamart, peu après 20 heures, la DS présidentielle, avec, à son bord, de Gaulle, son épouse et son gendre, tombe dans un guet-apens tendu par un commando d'une douzaine d'hommes armés d'engins automatiques et d'explosifs, embusqués à bord de quatre véhicules. Malgré l'affaire de Pont-sur-Seine, de Gaulle se refusait à utiliser des voitures blindées. De son temps, et contrairement à une idée reçue, il n'en existait d'ailleurs pas dans le parc automobile de l'Élysée. [19]

Le déroulement de l'attentat proprement dit — deux assauts successifs, suivis d'une brève poursuite — est trop connu pour être à nouveau relaté. [20] Il importe seulement ici de rappeler que soixante-treize douilles furent découvertes sur les lieux, dont vingt-quatre de fusil-mitrailleur, et que six projectiles atteignirent la DS, dont deux traversèrent l'intérieur du véhicule. Qu'il n'y ait eu aucun passager touché relève d'un extraordinaire hasard, qu'il était évidemment tentant de baptiser miracle. Il est vrai que de Gaulle avait, cette fois, jugé utile d'obéir — encore que tardivement — à l'injonction de son gendre : « Père, je vous en prie, baissez-vous ! » Il avait attendu que Mme de Gaulle se laissât glisser sur le sol de la voiture pour en faire autant ; cela lui sauva probablement la vie.

Le général de Boissieu a donné un récit détaillé des événements dans son livre : *Pour servir le Général* (Plon,

1982). Lorsque les poursuivants furent enfin semés, il se retourna et regarda ses beaux-parents : « Ils ne semblent pas souffrir mais ils sont couverts d'éclats de verre. Le Général, en s'époussetant, s'est légèrement blessé aux doigts... » [21] Avant de prendre l'avion à Villacoublay, il s'autorisera ce seul commentaire : « Cette fois, c'était tangent ! » À Pompidou, le soir même, il dira au téléphone : « Ces gens-là tirent comme des cochons ! » Mais le mépris pour les « maladroits » s'accompagne, cette fois, d'une volonté de ne témoigner aux coupables aucune indulgence. Il confie à son gendre : « Que l'on tire sur une voiture où je me trouve, soit, cela fait partie des risques qu'encourt un chef d'État. » Mais que l'on manque de tuer des innocents — Boissieu, le chauffeur et surtout une femme, Mme de Gaulle, sans oublier le conducteur d'une voiture qui passait par là et qui, par chance, ne fut que très légèrement atteint —, voilà qui ne se pardonne guère.

On sait que l'attentat du Petit-Clamart aura une conséquence politique importante : il incitera de Gaulle à proposer, dès le 29 août, l'élection du président de la République au suffrage universel. Sur le plan personnel, il ne peut que le renforcer dans son détachement à l'égard de la mort : « Évidemment, dit-il à Louis Terrenoire, la bête humaine mesure avec soulagement ce à quoi elle a échappé, mais, au point de vue spéculatif et historique, peut-être cela aurait-il mieux valu que de mourir dans son lit. » [22]

Il va sur ses soixante-douze ans ; le souci de la « sortie » se fait, dès lors, plus insistant. Tout plutôt que de « mourir dans son lit » — ou « aux cabinets », selon la formule triviale qu'il emploiera avec Pierre Lefranc. Pour un homme d'État, enseigne l'Histoire, l'assassinat est une fin qui manque rarement de grandeur. Ce qui distingue un de Gaulle des hommes politiques de type classique, c'est que ceux-ci rêvent tous, peu ou prou, du destin d'Antoine Pinay : avoir exercé le pouvoir plus ou moins longtemps, en avoir tiré — en dehors d'avantages matériels qui vont de soi — une inusable respectabilité, être devenu une légende vivante et être toujours là à cent ans révolus pour voir s'agiter ces petits jeunes gens empressés, quelle que soit leur appartenance politique, à venir vous faire la cour et à faire croire au bon peuple qu'ils poursuivent votre politique, qui fut la seule intelligente, efficace, réaliste... De Gaulle, lui, nourrit pour cet « idéal » le plus profond dédain : surtout ne pas vivre trop vieux, afin d'échapper au désastre physiologique du grand âge, apprivoiser la mort pour en faire la grande inconnue de ce que l'on appelle parfois « le jeu divin du héros » :

« Tout témoigne, écrit Maurice Druon, qu'il était prêt chaque jour à la mort, de même qu'il agissait chaque jour comme s'il ne devait jamais mourir. (...) Il était prêt, à tout moment, à assumer sa condition de mortel. »[23]

*
* *

L'indifférence devant sa propre mort n'entraîne pas forcément l'indifférence devant la mort des autres — notamment celle des proches et celle des compagnons. Et pourtant de Gaulle n'accueille pas la mort des siens avec des démonstrations de douleur ou de chagrin : celle de ses parents ou des hommes qui, tels les colonels Mayer et Nachin, l'ont si profondément influencé, ne suscite qu'une tristesse discrète. Extrême réserve qui accrédite chez les malveillants l'hypothèse de l'indifférence hautaine, renforcée pendant la guerre par la dureté apparente de certains propos.

La première fois que le jeune Pierre Lefranc, en compagnie de camarades échappés comme lui des prisons espagnoles, aperçoit le chef de la France Libre, il entend ce « rude langage » : « Mes jeunes amis, vous n'avez encore rien fait tant que vous n'êtes pas morts pour la France. »[24] Cinquante ans plus tard, Pierre Lefranc a bien du mal à digérer ces propos, même s'il les assortit de ce commentaire : « Ils étaient destinés à montrer que l'engagement ne valait rien s'il ne s'accompagnait pas d'un engagement physique, d'un risque couru pouvant aller jusqu'au sacrifice suprême. La mort faisait naturellement partie du destin de tout homme qui s'engageait dans la France Libre. » [25]

Lorsque le jeune Georges Buis revoit le Général en mai 1945, celui-ci lui lance : « Tiens, Buis, vous êtes vivant ! » [26]

L'étonnement ne paraissait nullement feint et le trait était trop spontané pour pouvoir être pris pour une boutade. [27]

Rude langage, il est vrai.

Selon Éric Brihaye, auteur d'un mémoire de maîtrise sur *la Littérature gaullienne*, autant les gaullistes paraissent hantés par *les morts*, autant *la mort* est-elle rejetée et même niée : « Ces récits, explique-t-il, illustrent l'inconscience du défi à la mort, mais aussi le sacrifice au sens quasi antique et rituel du mot. » [28] Chez de Gaulle, au contraire, il semble que la mort prenne le pas sur les morts, qui sont, sinon « rejetés », du moins remis à leur place. À Pierre-Henry Rix, il demanda un jour de deviner de qui étaient ces deux vers :

« *Ne compte pas tes morts, ô ma Patrie !*
« *Il n'en est pas tombé, ô Mère, un seul de trop !* »

Ce pouvait être de Péguy ; c'était de Hölderlin [29] — le même qui avait écrit : « J'aurai un jour vécu de la vie des dieux, et que faut-il de plus ? », avant de sombrer, à trente-six ans, dans la folie. Ce qu'il reprochait à Bazaine, ce n'était nullement de s'être rendu, mais de l'avoir fait alors qu'il avait sous ses ordres « cent cinquante mille hommes qui ne demandaient qu'à se battre » — et, par conséquent, à mourir. Il n'y a jamais de morts inutiles quand l'honneur de la patrie est en jeu. Maurice Schumann se souvient de l'avoir entendu, le soir de la sortie de Bir Hakeim, dire que les hommes qui venaient d'être tués en Cyrénaïque étaient tous des volontaires et qu'ils avaient « d'avance fait le sacrifice de leur vie » [7].

161

Rude langage, décidément !

L'apparente absence d'émotion avec laquelle il évoque le martyre de Jean Moulin étonne : « Trahi, fait prisonnier, affreusement torturé par un ennemi sans honneur, Jean Moulin mourait pour la France comme tant de bons soldats qui, sous le soleil ou dans l'ombre, sacrifièrent un long soir vide pour mieux remplir leur matin. »[30] Seul un adverbe de circonstance (« affreusement ») introduit dans ces lignes trop sèches une note d'humanité ; c'est peu. Plus tard, Malraux trouvera des accents plus vibrants.

La mort des plus proches ébranle les cœurs les plus endurcis. Selon Maurice Schumann, la seule fois où de Gaulle trembla pendant la guerre, ce fut lorsqu'il apprit que son fils se battait en « première ligne » : « Il n'alla pas plus loin dans la confidence ce jour-là, mais on percevait très nettement l'anxiété qui passait dans cette simple constatation. »[7]

Peu de gens le savaient : depuis près de vingt ans, Charles de Gaulle portait une double croix, dont il ne parlait jamais. En 1927, l'un de ses trois frères, Jacques, de trois ans son cadet et son préféré, ingénieur des Mines, avait été frappé d'une encéphalite léthargique, qui avait fait de lui un mort vivant, complètement paralysé et muet. Quelques mois plus tard, le 1er janvier 1928, Yvonne de Gaulle donnait le jour à une petite fille, prénommée Anne, qui, hélas, était trisomique. « Aucun portrait du général de Gaulle, note justement Lacouture, ne peut être fidèle qui ne dise ce que fut la souffrance éprouvée par ce couple. »[31]

C'est à la lumière de cette terrible épreuve — plus terrible encore que celle de la guerre, car celle-là anéantit toute espérance — que l'on peut appréhender la véritable personnalité de Charles de Gaulle et le secret d'un homme public plus soucieux encore que les autres de préserver sa vie privée. Vingt années durant, la petite Anne sera étroitement associée à ce qu'André Frossard appelle « le sort itinérant » de son père : « Elle a été sa souffrance et son humilité — son espérance et, cela ce sont les chrétiens qui le savent, sa joie. »[32] La complicité qui unit le père et l'enfant frappe tous ceux qui les approchent : elle est illustrée par l'extraordinaire photographie prise sur la plage de Bénodet au cours de l'été 1933, celle d'un père qui joue avec sa petite fille, dont l'objectif a capté le pathétique regard qui monte vers cet homme, manifestement le seul lien qui la rattache à un degré élémentaire de conscience. « Celui, écrit Alain de Boissieu, qui n'a pas vu le général de Gaulle avec sa fille malade sur les genoux, en train de lui chanter des chansons, n'a pas connu le vrai Charles de Gaulle... »[33]

Au début de juin 1940, le chanoine Bourgeon annonce au nouveau général de brigade (à titre temporaire) Charles de Gaulle qu'il va célébrer une messe à l'intention de sa fille Anne : « Pour un père, c'est une bien grande épreuve, lui confie de Gaulle. Mais pour moi, cette enfant est aussi une grâce. Elle est ma joie. Elle m'aide à dépasser tous les échecs et tous les honneurs, à voir toujours plus haut. »[34]

La « pauvre petite Anne » mourut d'une pneumonie un soir de l'hiver 1948. Ce fut une délivrance pour tous, mais cette idée ne pouvait apporter aucune consolation. De Gaulle écrit à son autre fille, qui se trouvait alors auprès de son mari en poste au Tchad : « La disparition de notre pauvre enfant souffrante, de notre petite fille sans espérance, nous a fait une immense peine. »[33] Anne de Gaulle est désormais « une âme libérée », mais surtout, selon le mot éminemment significatif de De Gaulle à sa femme, après l'inhumation dans le cimetière de Colombey, elle est maintenant « comme les autres ».

Bienheureuse vertu de la mort : pendant vingt ans, les de Gaulle se sont battus jour après jour pour que leur fille ne se sente pas différente des autres enfants, pour qu'elle ne se sache pas différente, et ils savaient que ce combat était perdu d'avance. La mort n'apporte pas seulement une délivrance, une « libération » : elle réussit ce prodige de faire d'Anne une enfant enfin semblable aux autres enfants. Dans l'éternité, il n'y a plus de place pour les inégalités terrestres. Bienheureuse mort — désirable mort :

« Je respire et tu dors, à présent sans limites,
« Ayant l'âge du monde et de l'éternité. »

Comme tous les jeunes gens de sa génération et de son milieu, Charles de Gaulle a beaucoup pratiqué l'auteur des *Vivants et les Morts*. Il dira un jour à Malraux ces mots qu'Anna de Noailles n'eût certes pas reniés tant ils sont en parfait accord avec sa sensibilité : « La mort de ceux que l'on aimait, on y pense, après un certain temps, avec une inexplicable douceur. » Certes non, la mort, vue de cette façon-là, n'est pas haïssable, tout au contraire — mais tout le monde n'a pas la grâce de voir ainsi les choses ! Anna de Noailles, encore elle, qui vit disparaître tant d'êtres aimés, assurait :

> *« Certes, il est altier d'opposer le courage*
> *« À ce que l'on voit défleurir*
> *« Et d'aborder en paix les défaites de l'âge*
>
> *« Mais il est plus pur de mourir. »*
> (L'honneur de souffrir)

La « douceur » avec laquelle on pense, plus tard, aux chers disparus n'annule pas la douleur qu'entraîne leur disparition. Apprenant la mort de Daniel-Rops en juillet 1965, de Gaulle fait part à sa veuve de sa « vive émotion » et de son « grand chagrin » : « Que Dieu ait maintenant en sa garde l'âme de son bon serviteur ! » conclut-il [36]. Tout le monde n'a pas droit à ces mots qui apparaissent aujourd'hui, à tort, de pure convention, mais qui, pour un homme né au XIXe siècle au sein de la moyenne bourgeoisie du Nord, expriment un sentiment sincèrement éprouvé. Quelques années plus tôt, chacun avait pu observer le grand trouble du Général témoin du malaise cardiaque qui emportera son frère Pierre venu le voir à l'Élysée.

« J'ai l'impression, observait Churchill, que, sous un masque impassible et impénétrable, de Gaulle possédait une surprenante sensibilité à la douleur. » [37]

Mais qu'il était difficile de s'en rendre compte, tant il s'attachait à donner l'image inverse ! Jean Guitton, qui s'était un jour trouvé «seul avec de Gaulle», observe : «Que de contrastes entre l'image d'un *grand homme* et la vérité de ce grand homme cachée sous sa pudeur ! »[38] Comme la plupart des «grands hommes», de Gaulle est quelqu'un qui ne peut guère être abordé avec des idées simples. Portait-il un masque, comme le suggère Jean Guitton, ou bien cette dualité entre l'impassibilité apparente et la «sensibilité à la douleur» lui était-elle consubstantielle ?

Son attitude devant la mort de ses adversaires n'est pas faite pour dissiper le mystère.

*
* *

«Le Général avait une grande sensibilité devant la mort de ses proches, de ses amis, de ses compagnons, déclare Philippe de Gaulle. Pour celle de ses ennemis, il gardait le silence. »[39]

Jean Gaulmier se souvient d'avoir assisté à Damas à la longue visite que de Gaulle y effectua le 17 août 1942 : «Il félicita Catroux d'avoir fait enterrer les victimes vichystes avec les mêmes honneurs que les Français Libres, raconte-t-il. Il demanda à voir la tombe de Détroyat[40] et s'y arrêta longuement, sans rien dire, mais avec une émotion visible. »[41]

La mort pour de Gaulle n'est, en somme, jamais une chose choquante ou scandaleuse, soit qu'il la subisse, et elle est ou bien un sacrifice nécessaire (les morts de la France Libre) ou bien un malheur exemplaire dont il convient de tirer les plus hautes leçons (Anne), soit qu'il l'inflige ou ordonne de l'infliger, et elle est alors un châtiment mérité mais qui n'entraîne ni haine ni mépris : «Il est absolument normal et il est absolument justifié que les Allemands soient tués par les Français, déclare-t-il à la BBC en octobre 1941. Si les Allemands ne voulaient pas recevoir la mort de nos mains, ils n'avaient qu'à rester chez eux. » [42] C'est d'ailleurs par ce discours qu'il ordonnera l'arrêt des attentats contre l'occupant.

L'exécution des grands ténors de la collaboration ne lui procure aucune satisfaction ; il désapprouve officiellement celle de Darlan, tout en concédant que les circonstances l'expliquaient et, dans une certaine mesure, l'« excusaient » [43]. Pierre Pucheu est, à ses yeux, un criminel qui, certes, mérite la mort, mais le verdict du tribunal militaire d'Alger lui paraît surtout fondé sur la « raison d'État » — ce qui explique qu'il demandera à ses avocats, alors qu'il vient de refuser la grâce, de faire savoir au condamné qu'il lui conserve son « estime » [44].

Joseph Darnand, fondateur et chef de la Milice, est un plus grand criminel encore, mais de Gaulle n'oublie pas qu'il fut un combattant valeureux de la Grande Guerre. Dans une lettre adressée au RP Bruckberger, ami de Darnand, il évoquera « la mort d'un brave égaré sur la route impardonnable » et, d'une manière générale, « les coupables (...) qui, souvent, je le sais, n'étaient que des désespérés » [45]. Darnand ne pouvait évidemment pas échapper au poteau, mais lui aussi avait eu droit à l'estime du Général — et même à sa compréhension.

Paul Chack, romancier célèbre, officier de marine et propagandiste de la Waffen SS, fut l'un des premiers fusillés de la Libération, mais, selon Pierre-Henri Teitgen, de Gaulle fut « déchiré » par cette exécution.

Le cas de Robert Brasillach est plus ambigu ; sur cette affaire, de Gaulle conserve un curieux silence, qui pourrait bien accréditer la version selon laquelle l'écrivain aurait été un « fusillé par erreur » [46]. « Le fait est, note Lacouture, que l'exécution de Brasillach est un sujet sur lequel de Gaulle ne se soucie guère de revenir. » [47] Pas la moindre allusion, pas la moindre confidence, pas le moindre témoignage de proches, partagés entre le silence et la gêne. Du moins de Gaulle n'eut jamais un mot de mépris pour le condamné (il n'en alla pas de même pour son avocat), sinon, rapporte au conditionnel André Brissaud, ce propos tenu à un interlocuteur non identifié :

« Brasillach a joué. Il a perdu. Il paiera. À son degré d'intelligence, il ne pouvait ignorer le choix qu'il faisait. La trahison de l'intellectuel... Le péché contre l'esprit... » [48]

Il est probablement l'un des chefs d'État de l'histoire contemporaine à avoir pris le plus au sérieux l'exercice de la prérogative régalienne du droit de grâce. Lorsqu'en janvier 1945 le directeur adjoint de son cabinet, René Brouillet, inquiet de le voir accablé et débordé par une multitude de charges auxquelles il ne pouvait se dérober, imagine de transférer le droit de grâce au ministre d'État Jules Jeanneney, il se heurte à une fin de non-recevoir catégorique. « L'exercice du droit de grâce, assure de Gaulle à son jeune collaborateur, est la prérogative la plus haute d'un chef d'État, qui n'a de comptes à rendre qu'à Dieu. » [49] Le RP Bruckberger confirme qu'il n'est pas une seule prérogative de chef d'État à laquelle de Gaulle ait attaché plus de prix, qu'il ait exercée « avec un soin plus jaloux, plus exclusif » que celui du droit de grâce [50]. Pierre Messmer lui aussi souligne l'exceptionnelle importance que l'exercice du droit de grâce revêtait aux yeux de Charles de Gaulle :

— Il tâchait de ne pas se fonder sur des sentiments personnels. Il a beaucoup gracié et, lorsqu'il a refusé la grâce, c'est toujours au nom d'un intérêt supérieur, pour le bien de l'État. Il ne jugeait pas par rapport à Dieu mais par rapport au pays. [8]

Cette conception lui vaut de nombreuses nuits sans sommeil, tant l'examen de certains dossiers fait surgir en lui de scrupules. C'est le cas pour Pucheu et pour plusieurs anciens partisans de la collaboration avec l'occupant. Chef du gouvernement provisoire jusqu'au 20 janvier 1946, il a à connaître 2 517 dossiers de ce genre. « Dans le secret de son bureau présidentiel, écrit Robert Aron, en présence d'un seul magistrat en qui il avait confiance [51], de Gaulle a supprimé ou atténué les deux tiers des condamnations prononcées par les cours de justice. » [52]

Il rejettera exactement 768 recours en grâce concernant, expliquera-t-il, « des condamnés dont l'action personnelle et spontanée avait causé la mort d'autres Français ou servi directement l'ennemi » [53].

Revenu au pouvoir en 1958, il n'a pas changé de conception sur le droit de grâce et sur la peine de mort. Garde des Sceaux d'avril 1962 à avril 1967, Jean Foyer témoigne :

« Il étudiait avec soin, une attention extrême les dossiers de grâce. Il ne lui était pas agréable — c'est peu de l'écrire — de statuer sur de telles affaires. On pouvait le mesurer à ses réactions. (...) Il était anxieux, agacé, mal à l'aise. Le Général a été tout le contraire d'un chef d'État sanguinaire, la proportion de commutations de peines qu'il a accordées le prouve, comparée à celle des périodes antérieures. Il a eu la grâce facile... » [54]

À quatre reprises, il la refusa à des hommes de l'OAS : Piegts et Dovecar, assassins du commissaire Gavoury, spécialiste de la lutte anti-OAS en Algérie, qui furent exécutés le 7 juin 1962 ; le lieutenant Degueldre, chef des commandos « Delta », responsable de nombreux assassinats, exécuté le 6 juillet suivant ; enfin et surtout, le colonel Bastien-Thiry, exécuté le 11 mars 1963. Les trois premiers refus s'expliquent par le caractère atroce des crimes sanctionnés.

Seul le quatrième pose un problème.

L'attentat du Petit-Clamart n'a fait qu'un blessé léger. Ce sang versé par hasard ne pouvait entraîner aucune rigueur judiciaire ; la Cour militaire de Justice n'en condamna pas moins à mort trois membres du commando : son chef et deux de ses compagnons, Alain Bougrenet de La Tocnaye et Gérard Prévost. Deux raisons militaient pour la grâce : il n'y avait eu ni mort ni blessé grave ; le chef de l'État avait été personnellement la cible des tueurs. Une tradition non écrite, en effet, veut qu'en ce dernier cas la personnalité visée sollicite elle-même l'indulgence de la justice : ce fut le cas pour Pierre Laval, blessé par le militant gaulliste Paul Collette le 27 août 1941 ; cela avait été le cas pour l'abbé Lemire, député-maire de Hazebrouck, seule victime sérieuse de l'attentat de Vaillant à la Chambre des députés en 1893.

Ces deux hommes avaient sollicité l'indulgence en faveur des accusés (seul Laval avait été exaucé).

Toutefois, au Petit-Clamart, de Gaulle n'avait pas été le seul visé : son chauffeur, son gendre et surtout sa femme avaient couru le même risque que lui. Plus généralement, plaide Jean Foyer, l'indulgence dans ce cas précis n'eût-elle pas été interprétée comme une faiblesse devant le terrorisme de l'OAS et un encouragement à renouveler ce genre d'attentat ? « Il est des cas, tranche l'ancien garde des Sceaux, où le chef de l'État doit oublier qu'il est en cause. » En somme l'une des raisons qui poussaient à l'indulgence devenait, par inversion dialectique, une circonstance aggravante... Mais, isolée, elle ne justifiait toujours pas le refus de gracier.

Celui-ci fut, selon le général de Boissieu, dicté par quatre raisons : 1) Bastien-Thiry savait que Mme de Gaulle se trouvait dans la DS présidentielle ; 2) il n'avait pas hésité à mettre également en jeu la vie de passants « innocents » ; 3) Bastien-Thiry avait recruté trois étrangers — des Hongrois — qu'il avait entraînés dans une querelle qui ne les concernait pas ; 4) il n'avait pris lui-même aucun risque personnel. [55] Ce dernier grief n'était certes pas le moindre de tous.

« Bastien-Thiry, expliquera de Gaulle à son gendre, s'est contenté de lever son journal [56] pour faire ouvrir le feu. Le moins que l'on puisse dire de ce personnage, c'est qu'il n'était pas au centre de l'action ! » [57]

Et c'est, précisément, parce que La Tocnaye et Prévost s'étaient trouvés, eux, « au centre de l'action » qu'ils furent graciés.

On peut ajouter aux quatre raisons énumérées par le général de Boissieu une cinquième raison, non moins importante, nous semble-t-il, que la quatrième, qui tient au déroulement du procès : Bastien-Thiry y proclama hautement, avec une ardeur et une conviction véritablement mystiques, que le pouvoir du Général avait perdu toute légitimité et qu'il convenait à tout le moins de déférer de Gaulle en Haute Cour pour haute trahison. [58] Il usa dans sa démonstration d'une comparaison pour le moins insolite : le colonel Stauffenberg, lui aussi, quelque dix-huit ans plus tôt, s'était dressé contre un autre tyran nommé Hitler... Comparaison outrageante pour de Gaulle et tout à fait déplacée au regard de l'Histoire.

C'était décidément beaucoup et cet ensemble explique pourquoi, contrairement à ses habitudes, de Gaulle n'eut jamais pour Bastien-Thiry ni estime, ni respect, ni même indifférence, mais, nous a assuré le général de Boissieu, un solide mépris. « L'OAS, aurait-il dit au général de Bénouville, gaulliste favorable à l'Algérie française, a eu le martyr qu'elle méritait ! » [59] S'il a bien été prononcé, ce mot doit évidemment être pris dans un sens opposé à celui qu'imaginait Bénouville : défendant une cause médiocre, l'OAS ne pouvait avoir qu'un martyr de médiocre qualité.

« Charles de Gaulle, conclut le général de Boissieu, m'a fait entendre qu'il ne pardonnait pas à Bastien-Thiry sa *lâcheté*. L'exploitation faite au sujet de ce *fou furieux* est inconvenante vis-à-vis de l'Histoire. » [60]

L'Histoire est passée, laissant à chacun la liberté de juger les événements. « À défaut du pardon, recommandait Musset, laisse venir l'oubli. » Jean-Marie Bastien-Thiry n'a bénéficié ni de l'un ni de l'autre. Il est probablement le seul homme que Charles de Gaulle, en l'envoyant au poteau d'exécution, n'ait pas remis à la miséricorde du Créateur.

CHAPITRE VIII

Les clins d'œil du destin

Voici bientôt novembre...

Le premier tome des *Mémoires d'Espoir* est paru. Le tirage en est important : officiellement 750 000 exemplaires ; mais le succès dans l'opinion sera-t-il à la hauteur de ce chiffre exorbitant ? Marcel Jullian, l'éditeur à la parole facile, à la chaleur méridionale, annonce des ventes mirobolantes. Mais peut-on lui faire confiance ? « Les chiffres ne sont-ils pas exagérés ? » demande de Gaulle à son gendre. Il est à peu près sûr que Jullian le trompe, qu'il lance des chiffres faux pour l'inciter à continuer. [1] Il interroge encore Boissieu :

— Connaissez-vous quelqu'un qui soit entré dans une librairie, à qui on ait dit : Nous avons vendu tous les exemplaires que nous avons reçus ? [2]

Il doute que le public s'intéresse encore à sa grande entreprise — la dernière de sa vie, celle dont son entourage sait, depuis le début, qu'elle seule lui donne le goût de vivre.

Il doute depuis le début. En août 1969, lorsqu'il demande à Pierre-Louis Blanc de prendre connaissance des premières pages de son manuscrit, il lui confie : « Mon image n'a pas beaucoup à gagner à la publication

173

de ce livre ; elle peut y perdre ; lisez-moi et dites-moi ce que vous en pensez. » [3] Il est intimement persuadé qu'il y a « une différence » entre les *Mémoires de Guerre* et les *Mémoires d'Espoir*, que ceux-ci ne sont pas du même niveau que ceux-là. Blanc note une inquiétude dont l'intensité le frappe ; au fil des mois, elle se renforce. [4]

L'année suivante, il dira à Boissieu : « Est-ce que ça vaut la peine de continuer ? » Poser la question en ces termes, c'est évidemment suggérer que la réponse ne peut être que négative ; les encouragements ou les exhortations de l'interlocuteur ne peuvent être, dans ce cas, d'aucun secours. Pierre Lefranc s'est vu, lui aussi, et à de nombreuses reprises, poser la question fatidique : « Question de pure forme », affirme-t-il. [5] Est-ce aussi évident ? Le « fond d'angoisse » dont parle Pierre-Louis Blanc existe bel et bien : de Gaulle ne « joue » plus ; l'épreuve des *Mémoires d'Espoir* lui apparaît comme le dernier test décisif de sa vie. Il n'aura parachevé sa destinée que lorsqu'il aura conquis un nouveau public. Après...

La crainte de l'échec, cette fois, n'est plus de la coquetterie. Il avait écrit à la fin des *Mémoires de Guerre* : « La solitude était ma tentation. Maintenant, elle est mon amie. De quelle autre se contenter quand on a rencontré l'Histoire ? » À présent, n'y a-t-il pas un risque qu'elle devienne son ennemie ? À Londres, malgré les ralliements de plus en plus nombreux, il a dû compter avec la solitude ; Olivier Guichard rappelle que le « Général de la guerre » n'a eu de cesse de se battre contre cette ennemie intime, qui ne lui laissait guère de répit : « Tout son effort de quatre ans tendra à s'en débarrasser. » [6] Il n'y parviendra enfin qu'à la veille d'un nouvel affrontement.

Il n'y aura plus de nouvelle « traversée du désert » : le « gaullisme historique » a perdu son âme — il est condamné à se survivre artificiellement, au prix de quelques reniements qui ne passent pas inaperçus. Contre les attentes, formulées ou non, Georges Pompidou connaît une rapide réussite ; les vrais gaullistes ne pèsent plus que d'un faible poids : de tous ceux que de Gaulle recevra à Colombey, seul Michel Debré est encore là, qui veille au grain, à son poste de ministre d'État, chargé de la Défense. Mais le nouveau président a appelé au gouvernement deux hommes qui ont eu un rôle déterminant dans le succès du « Non » au référendum : Valéry Giscard d'Estaing et Jacques Duhamel. Les hommes de l'OAS sont amnistiés les uns après les autres. Jean d'Escrienne rapporte un dialogue avec le Général où se donne libre cours la rancœur à l'égard du successeur : « Lui dont j'ai fait la carrière, dit-il, et qui m'avait servi fidèlement pendant des années avant d'adopter un jour l'attitude que vous savez... » Comme l'aide de camp évoque la possibilité d'une rencontre discrète entre les deux hommes, de Gaulle répond sèchement :

— Si jamais on vous pose la question, vous pourrez répondre que le Général et Georges Pompidou ne se rencontreront ni à Colombey ni ailleurs ! S'il me revoit un jour, ce sera sur mon lit de mort, peut-être. [6]

À tous ses visiteurs, le solitaire de Colombey assure qu'il n'est « plus concerné » par ce qui se passe, que cela ne l'intéresse pas d'être tenu au courant : « Tout va aller à vau-l'eau, prophétise-t-il, tout va redevenir comme avant. Ce sera le marais, un retour à la politique de la IVe avec les partis, l'UDR devenant progressivement un parti comme les autres. » [7] Il ne sera jamais rappelé, il le sait, il ne le veut plus et pourtant jamais il ne pourra entrer dans la peau de l'ermite décrit par Dante dans le *De Monarchia* : « Il arrive que l'homme qui demeure dans la solitude et renonce à l'activité qui était la sienne, dans la tranquillité, se perfectionne en sagesse et en connaissance. »

Le temps n'est plus au perfectionnement, mais au départ. « Les hommes doivent souffrir leur départ comme leur venue ici-bas, dit Edgar dans *Le Roi Lear* ; le tout est d'être prêt. » Est-on jamais tout à fait prêt ? Il lui arrive de rêver à voix haute : « Si je suis rappelé, l'entend dire un jour Roger Stéphane, je devrai apparaître comme un homme neuf, libre ; je ne dois sembler prisonnier de rien, même pas de ce que j'ai dit auparavant. » On échappe difficilement à son destin. Comment pourrait-il échapper au personnage de l'homme créé pour les tempêtes et la conquête du pouvoir ?

Le rêve s'estompe vite. À son neveu Bernard, il confie qu'il « se dépêche » d'écrire ses *Mémoires* : « C'est ma mission avant de mourir. »[8] Il espère pouvoir écrire le second tome en moins d'un an...

Voici novembre et ce n'est pas une saison qui favorise l'espérance, surtout quand tournoie autour d'une maison prisonnière des brumes, « l'affolant cortège » dont parlait Verhaeren :

« *Oh ! tous ces morts là-bas, sans feu ni lieu...* »

*
* *

Soudain, les morts se bousculent autour de Charles de Gaulle, et pas seulement les grands personnages qui, comme lui, ont vu le jour à la fin de l'autre siècle : deux chanceliers de l'Allemagne prénazie, Papen (mai 1969) et Brüning (mars 1970), l'ancien chef des forces polonaises de l'Ouest, le général Anders (mai 1970), Hô Chi Minh (novembre 1969), deux maréchaux soviétiques, Vorochilov (décembre 1969) et Timochenko (mars 1970), sans oublier Édouard Daladier, qui incarna si bien la IIIᵉ République à son déclin (septembre 1970), comme le pauvre Félix Gaillard (disparu en mer le 9 juillet 1970) avait incarné la IVᵉ République moribonde.

Mois après mois, de Gaulle voit disparaître amis de jeunesse et compagnons de combat : Emmanuel d'Astier, en juin 1969 : « La mort d'Emmanuel d'Astier m'attriste profondément », écrit-il[9] ; le général Catroux, en décembre suivant : « La triste nouvelle m'a profondément ému », écrit-il à Mme Catroux, et il ajoute : « Pour le temps qui me reste à vivre, je serai fidèle à sa mémoire comme il le fut toujours à notre amitié »[10] ; l'abbé Drouot, curé de Colombey, en février 1970 ; René Capitant, dont la mort lui cause « un très grand chagrin » [11] ; Henri Queuille, ancien président du Conseil de la IVᵉ, à qui il voue « beaucoup d'estime et d'amitié » [12] en raison de son ralliement à la France Libre en 1943 ; René Payot et André Stibio, deux journalistes gaullistes, disparus l'un en mai, l'autre en juin 1970 ; deux anciens hauts fonctionnaires de l'État français ralliés à la France Libre : Gabriel Puaux, mort le 30 décembre 1969, et Roger Cambon, le 18 juillet 1970.

Brusquement, au cours de l'été 1970, la funèbre cohorte s'accroît. Trois anciens de la France Libre disparaissent en juillet : le commandant « François » (de son vrai nom Georges Kieper), l'un des chefs de la Résistance dans le Bas-Rhin ; l'inspecteur général Georges Ley, dont de Gaulle écrit qu'il gardera « son souvenir très présent pour le temps qu'il (lui) reste à vivre » [13], et surtout l'ancien ministre André Philip. En août, un vieux fidèle prend congé : le professeur de droit Léon Mazeaud, qui se tue accidentellement en montagne. Autre mort accidentelle, qui touche un compagnon : celle de Mme Chaban-Delmas, le 13 août. Quelques mois plus tôt, André Malraux a perdu sa compagne, Louise de Vilmorin ; de Gaulle lui avait alors écrit : « Dans votre peine, je pense à vous. » [14] Le 27 août, c'est au tour de l'ambassadeur Vinogradov : de Gaulle fait part à sa veuve de son « émotion profonde » [15].

Dans *La Guerre de Troie n'aura pas lieu*, Andromaque dit à Cassandre : « Je ne sais ce qu'est le destin », et Cassandre lui répond : « C'est simplement la forme accélérée du temps », et ajoute : « C'est épouvantable. » En septembre, le destin s'emballe : François Mauriac et le général Kœnig meurent à vingt-quatre heures d'intervalle. Le double coup est rude. À Mme Mauriac, il écrit : « Son souffle s'est arrêté. C'est un grand froid qui nous saisit. » [16] Et à Mme Kœnig : « Sa mort dissipant le reste comme le vent balaie la poussière, je lui garderai jusqu'à mon dernier jour l'attachement et le souvenir les plus émus et les plus fidèles. » [17] Qu'importe si le vainqueur de Bir Hakeim se trouvait depuis longtemps dans une opposition de plus en plus farouche : de Gaulle ne veut se souvenir que de la glorieuse participation à l'épopée. [18] Même la mort de Bourvil, le 23 septembre, l'attriste : « J'aime bien Bourvil, avait-il dit un jour. Il est l'image d'un bon paysan français, qui aime sa terre et son pays. » [19]

En octobre, trois nouveaux compagnons quittent la scène : Edmond Michelet, le 9 ; Pasteur Vallery-Radot, le 10, et, quelques jours plus tard, le général Trinquard : « La nouvelle de la mort de mon cher ancien m'a vivement ému », écrit-il au fils de ce dernier, le 19 octobre. [20]

Cette seconde vague de départs fait suite à la première, celle de 1966-1967. [21] Comment ne pas être atteint par toutes ces défections ? « Je ne me consolerai pas de la perte de François Mauriac », écrit-il à son fils Jean, le 6 octobre. [22] Elle s'ajoute aux autres morts : « Vous verrez, dit-il à Pierre Lefranc, à partir d'un certain moment, le vide se fait autour de vous. » [23]

Voici novembre :

« *Oh ! tous ces morts là-bas, sans feu ni lieu*
« *Oh ! tous ces vents cognant les murs opiniâtres*
« *Et repoussés et rejetés*
« *Vers l'inconnu de tous côtés.* »

*
**

Charles de Gaulle avait un jour raconté à son fils [24] l'histoire du maréchal Hindenburg [25] qui, sentant venir sa fin — il avait alors quatre-vingt-six ans —, avait dit à son fils : « Quand l'ange de la mort — je crois que, dans la Bible, on l'appelle Raphaël — arrivera, tu me préviendras. » Quelque temps plus tard, le maréchal s'était alité pour ne plus se relever. À son fils, il demanda alors : « Est-ce que Raphaël est dans la maison ? » Le fils répondit : « Non, il est dans le jardin, mais il ne va pas tarder à entrer. » [26]

La leçon était claire, mais de Gaulle avait insisté : « Je te poserai la même question. » Il n'en aura pas le temps.

Le 3 novembre 1970, ce n'est pas l'ange Raphaël qui pénètre dans le jardin de la Boisserie, mais un très vieil homme, l'un des plus vieux compagnons de la France Libre : le général Louis Renouard, ancien commandant des forces terrestres en Grande-Bretagne, qui voudrait bien revoir son ancien chef : « Je commence à me faire vieux », lui a-t-il écrit [27] — il a quatre-vingt-six ans. Le remerciant de ses vœux en décembre 1969, de Gaulle lui avait alors assuré : « Sachez que je n'oublie rien de vous ni de ce que nous avons fait naguère (...). C'est beaucoup d'avoir pu donner une signification à sa vie. » [28]

Renouard a voulu revoir de Gaulle « avant le grand départ » ; le rendez-vous a été arrangé par Jean d'Escrienne.

— Eh bien, Renouard, vous me semblez vous bien porter, vous avez bonne mine...

— Oui, mon général, mais je suis très ému, car j'attends ce moment depuis très longtemps...

La conversation porte sur divers sujets : les *Mémoires d'Espoir*, l'affaire algérienne, les souvenirs des deux guerres, la mort de Kœnig. Après un déjeuner « très vivant », le vieux général prend congé vers 14 heures : « C'est alors, écrira-t-il, que j'ai ressenti l'impression d'une sorte d'arrachement. » De Gaulle lui fait faire un rapide tour de parc, avant de le raccompagner à la voiture ; avant de se dire au revoir, ils se promettent de continuer à s'écrire.

Le général Renouard fut le dernier visiteur ; six jours plus tard, Raphaël se glissait subrepticement dans la maison. Qui peut dire si Charles de Gaulle n'a pas perçu cette présence ?

Au terme du second septennat, il aurait eu quatre-vingt-deux ans. Il aimait, on le sait, à se référer à l'exemple de son père, mort à quatre-vingt-trois ans (sa mère, elle, avait disparu juste après le 18 juin 1940, à quatre-vingts ans) ; il était moins rassurant de penser qu'il avait enterré ses trois frères depuis longtemps. À la fin de septembre 1970, évoquant à nouveau l'âge de Henri de Gaulle, il se demande, une fois de plus, s'il disposera, pour sa part, de «quatre à cinq ans» pour achever ses *Mémoires*. Candy et Roussel voient dans le fait qu'il a traité du projet de référendum sur la régionalisation dans le premier tome — alors qu'en bonne logique il n'aurait dû aborder cette question que dans le tome III — «une prémonition qu'il n'aurait pas le temps d'achever la rédaction de ses *Mémoires*»[29].

«Vieil homme sentant venir le froid éternel», écrivait-il à la fin des *Mémoires de Guerre*, et, à la fin du premier tome des *Mémoires d'Espoir* : «Sur la pente que gravit la France, ma mission est toujours de la guider vers le haut, tandis que toutes les voix d'en bas l'appellent sans cesse à redescendre.» Les «voix d'en bas» l'ont finalement emporté ; ce n'est pas pour mettre fin à leur clameur discordante que de Gaulle continue de travailler, c'est pour les jeunes, ceux qu'il appelle «la génération des Charles» — du nom de l'aîné de ses petits-fils : «Il faut que ces enfants sachent, sans intermédiaire, ce que j'ai fait et pourquoi je l'ai fait.»[30]

Pauvres enfants déboussolés, génération perdue à l'image de Michel M., le lycéen de Pont-à-Mousson, un garçon de dix-sept ans qui s'est suicidé par procuration dans les derniers jours d'octobre : «Tu comprends, avait-il dit à un de ses camarades de la classe de seconde, après la mort, il n'y a rien. Absolument rien. Ni paradis ni enfer. Alors, à quoi bon se laisser emmerder pendant toute une vie ?»[31] À quoi bon ! De Gaulle ne cesse de s'interroger : «Est-ce que ça vaut la peine de continuer?» Mais il se ressaisit vite ; Michel, lui, se conforme aux maximes qu'il inscrit dans son *Journal secret* : «À quoi bon vivre?», et : «Le suicide est un acte noble.» Il circonvient un camarade, qui accepte de lui tirer deux balles, l'une dans la poitrine, l'autre dans le dos. «J'en ai assez de souffrir», lui avait-il dit. Un détail ne peut qu'accentuer le malaise qu'engendre ce «fait de société» : le suicidé de Pont-à-Mousson était un fervent admirateur de Hitler. Il faut d'urgence fournir aux «Charles» d'autres exemples et d'autres enseignements.

Voici novembre...

Une avenue du Général-de-Gaulle est débaptisée au Québec — signe annonciateur ou fait isolé, sans signification ? Et si le siècle quittait de Gaulle avant que de Gaulle ne le quitte ? Le général Salan, amnistié, s'exprime sur une radio périphérique et tout le monde trouve cela normal [32] ; on ignore ce que de Gaulle en a pensé, il n'a évidemment pas pu ne pas en être contrarié. En 1926, il avait noté dans son carnet personnel ce distique anonyme :

> « *Louvois que personne n'aimait*
> « *Et que tout le monde regrette.* » [33]

Il ne veut pas se laisser entamer par les voix subalternes : « Comme le chantait Édith Piaf, je ne regrette rien », écrivait-il à Mme Jacques Vendroux en mai 1970. Ce qui seul compte, c'est ce que l'on pense de soi-même, c'est la certitude d'avoir agi conformément à l'idée que l'on se faisait de sa mission, de son destin ; le reste n'est que « péripéties ». À Emmanuel d'Astier qui lui demandait un jour s'il était heureux, il avait répondu : « Allons, d'Astier, quelle question stupide : le bonheur, ça n'existe pas... » [34] François Mitterrand avait cru faire preuve d'insolence en lui décochant, au mois de mai 1958 : « Vous pourriez tout aussi bien ne pas être là. Vous auriez pu ne pas naître ou encore mourir plus tôt. (...) Vous êtes mortel. » De Gaulle avait laissé tomber : « Vous voulez ma mort. J'y suis prêt. » [35]

Toute la différence entre de Gaulle et les autres est là : lui sait qu'il faut mourir, mieux : qu'il va mourir ; eux ne savent pas ou, s'ils savent, ils préfèrent n'y point penser. « Avez-vous jamais pensé à l'après-gaullisme ? » lui avait lancé un journaliste en 1967. Il avait répondu, goguenard, comme à son habitude : « Après de Gaulle, ce peut être ce soir... ou dans six mois... ou dans un an. Cela peut être dans cinq ans (...). Si je voulais faire rire quelques-uns ou grogner d'autres, je dirais que cela peut aussi bien durer encore dix ans, quinze ans... » [36] Ce jour-là, le ton était à la boutade ; la question n'était pas très intelligente et ne méritait guère d'autre réponse. Trois mois plus tard, il en allait tout autrement.

Dans la nuit du 26 au 27 janvier 1968, le sous-marin *Minerve*, l'un des plus modernes bâtiments de la Royale, disparaissait au large de Toulon, avec cinquante-deux hommes à bord ; en dépit des sonars dernier cri et du concours de l'équipe Cousteau, il demeura introuvable. Le 8 février, de Gaulle décida de rendre un hommage inattendu à l'équipage englouti en embarquant à bord du sous-marin jumeau de la *Minerve*, l'*Eurydice*, et en passant une heure en plongée ; seul François Flohic, ancien sous-marinier, et le commandant de l'*Eurydice* étaient dans la confidence. L'incartade préméditée du Général fit sensation. «Tout a été manigancé de militaire à militaire», remarquent Anne et Pierre Rouanet [37], qui ne sont pas les seuls à se demander si, lorsqu'il se trouvait «de l'autre côté de la surface de l'eau, de la mer, de la mort, de la vie» [38], de Gaulle n'a pas été effleuré par l'idée qu'il pourrait ne pas remonter. Mourir par cinq cents mètres de fond, pour celui qui n'était pas mort devant Verdun ou au Petit-Clamart, n'était-ce pas un sort plus enviable que celui qui attend les vieillards voués à l'humiliation de la petite chaise ou du grabat perpétuel ?

Deux ans plus tard, à son tour, l'*Eurydice* ne remontera pas : le 4 mars 1970, au large de Saint-Tropez, une mystérieuse explosion l'enverra à une profondeur de neuf cents mètres. Comment de Gaulle, retiré du monde à la Boisserie, n'aurait-il pas nourri sa méditation permanente de la mort en songeant aux cinquante-sept disparus dont il avait, une heure durant, partagé le sort ?

« *Oh ! tous ces morts là-bas, sans feu ni lieu...* »

Il garda le silence. Mais ces jeunes morts ne pesaient pas moins lourd que les amis de jeunesse et les compagnons de l'âge mûr qui, tour à tour, l'abandonnaient. À Xavier de la Chevalerie venu lui annoncer une mauvaise nouvelle, il avait un jour confié : « Je m'avance au milieu des tombeaux. » [39]

CHAPITRE IX

« *Après tout, il n'y a que la mort qui gagne...* »

Tout le monde connaît l'histoire de ce saint à qui, enfant, alors qu'il jouait avec ses petits camarades — à la balle au chasseur, prétendait Péguy —, on demandait ce qu'il ferait s'il apprenait soudain qu'il ne lui restait plus qu'un quart d'heure à vivre : « Je continuerais à jouer », répondit Louis de Gonzague. De Gaulle continuait à vivre.

Le lundi 9 novembre 1970, Charles de Gaulle se leva, comme à son habitude, entre 7 h 30 et 8 heures. Il ne considérait pas qu'il s'agissait là d'une heure « matinale ». Il avait dit un jour à son fils : « Toi et moi, nous sommes des "couche-tard" et des "lève-tard", nous n'étions pas faits pour être militaires. » [1] Il prit son petit déjeuner, parcourut les journaux et descendit vers 9 heures pour faire sa première promenade dans le parc. C'est au cours de ces promenades, généralement brèves — il en faisait habituellement une toutes les deux heures —, qu'il « mâchait un peu ses pensées », selon le mot de Philippe de Gaulle. Ces pensées, il est facile de les imaginer : elles tournent, pour l'essentiel, autour du travail en cours, qu'il redoute de ne pouvoir mener à son terme. Pour le reste, ont-elles jamais changé depuis le temps où, dans un carnet per-

187

sonnel de 1915 — il n'avait pas trente ans —, il écrivait :
« J'ai passé l'âge où l'on souhaite voir couler les jours...
Même s'ils sont vides, ce sont des jours tout de même ! »[2]
Il lisait alors les romans de Marcelle Tinayre et Henry
Bordeaux ; quelques années plus tard, il préféra citer des
auteurs plus sérieux : Lacordaire (« À mesure qu'on vieil-
lit, la nature descend, les âmes montent ») et Barrès, le
chantre irremplaçable de « l'unité mystérieuse de toutes
les manifestations de la vie »[3].

Le de Gaulle qui voit s'approcher avec une appréhen-
sion qu'il ne cherche pas à dissimuler son quatre-
vingtième anniversaire ne lit plus, désormais, que ce qu'il
vient d'écrire et qui ne le remplit pas de contentement.
Néanmoins, sur son dernier carnet personnel, il continue
de citer Lacordaire, Barrès et aussi Chateaubriand :
« Tout oublier, mépriser tout et mourir. »[4] Terrible et
séduisante tentation : mépriser, à la rigueur, mais
oublier ? Le vieux général ne ressemble pas seulement à
l'éléphant par un long nez, de grandes oreilles et un prodigieux abdomen : la mémoire ne lui a jamais fait défaut.

À 10 heures, au plus tard, il se met au travail. De la
fenêtre de son bureau, il aperçoit, au loin, le cimetière de
Colombey et devine la tombe d'Anne ; il va bientôt la
rejoindre. Au printemps, il avait montré le cimetière à
son ancien ministre Louis Terrenoire, en lui disant :
« C'est là que je veux être enterré. » Poliment, le visiteur
avait souhaité que ce fût le plus tard possible ; la réponse
avait fusé : « Peuh ! quelle importance au regard du système solaire... »[5] Puis il s'était mis à réciter des vers
d'Albert Samain, que, malheureusement, Terrenoire
n'avait pu retenir. C'étaient peut-être ceux-ci, tirés de
l'*Élégie* du *Chariot d'or* :

> « ... *La nuit descend, insensible et sereine,*
> « *La nuit... Et tout devient, on dirait, éternel...* »

Il écrit jusqu'à la fin de la matinée. Il en était alors au
troisième chapitre du second tome des *Mémoires d'Espoir,* consacré aux grands « drames » de la politique extérieure du premier septennat. Ce jour-là, peu avant midi,

il téléphona à Xavier de Beaulaincourt, au secrétariat parisien de l'avenue de Breteuil, pour lui demander d'apporter, le lendemain, quelques documents.

Après le déjeuner, pris comme d'habitude à midi et de bon appétit, « sans ressentir la moindre fatigue », précise Jean Mauriac, il ne s'était pas immédiatement remis au travail. « C'était un homme qui n'avait jamais fait de sieste », rappelle Philippe de Gaulle. [1] Dès qu'il avait pris son café, il refaisait une promenade dans le parc, avant de se remettre à écrire. Ce parc, dont il avait fait « dix mille fois le tour », est un lieu propice à la méditation. « Qui se plaît aux souvenirs conserve des espérances », écrit Chateaubriand. [6] Des souvenirs ? Il n'en tire plus aucune satisfaction. Des espérances ? Il n'en nourrit plus qu'une : achever les *Mémoires d'Espoir* — et encore, certains jours, comme aujourd'hui peut-être, il se laisse gagner par un doute qu'il ne parvient pas à dissiper.

Souvent, il est accablé par la certitude qu'il ne mènera pas à bien le dernier grand œuvre de sa longue vie. Son énergie vacille : il songe alors à tous les vieillards glorieux dont il a couché la liste par écrit [7] ; à tous ces noms qui l'impressionnent, il a récemment ajouté celui du doge Dandolo qui, à quatre-vingt-dix ans, assiégea et prit Constantinople. Il chasse ces fantômes surgis des brumes d'un après-midi d'automne : « Ce sont des exemples qu'on se cite à soi-même pour se donner le change sur son âge », conclut-il. [8]

Il presse le pas, car il a rendez-vous à 14 h 30 avec René Piot, un cultivateur de Colombey, à qui le lie un bail de fermage qu'il voudrait résilier. Le Général lui avait écrit le 5 novembre pour lui demander de passer à la Boisserie le 9. L'entrevue dura environ un quart d'heure. À la suite d'un récent remembrement, de Gaulle s'était vu attribuer une parcelle de trois hectares, exploitée par Piot ; or, il ne voulait pas avoir un fermier sous sa dépendance, sans naturellement qu'il soit question de priver ce brave homme des bénéfices de son exploitation.

Le Général commença par lui demander des nouvelles de sa famille, puis il en vint à l'objet de l'entrevue : René

Piot se voyait concéder la jouissance gratuite des terres, en échange d'une modeste contrepartie : il s'engageait à remplacer de vieilles clôtures et à assurer la propreté des champs. Impossible de discuter avec le Général, surtout quand il vous faisait un pareil cadeau ! Très impressionné, Piot donna son accord ; en manière de « tope là », de Gaulle lui offrit une petite mirabelle (sans en prendre lui-même). « Il me semblait très en forme, très lucide », dira René Piot. De Gaulle lui serra la main et le raccompagna jusqu'à la porte. « Le Général est formidable, dira-t-il à sa femme. Il ne change pas ; physiquement, il est terrible... » Et il ajoutera : « Il est peut-être aussi plus gentil qu'avant. »[9] En affaires, c'est vrai, les de Gaulle n'avaient pas la réputation de « faire des cadeaux ». Ce n'était pas un reproche : ils étaient comme tout le monde, c'étaient des gens qui avaient le souci légitime de leurs intérêts. Mais, ce jour-là, le Général avait souhaité faire « un geste ».

A-t-il ensuite accompli une nouvelle promenade dans le parc en compagnie de sa femme ? A-t-il à nouveau téléphoné à Beaulaincourt ? Les récits ne concordent pas sur ces points secondaires. Ce qui est sûr, c'est qu'il s'est remis au travail jusqu'à l'heure du « goûter » (quatre heures, selon la cuisinière, cinq heures, selon la femme de chambre). C'est alors qu'il est allé faire une nouvelle promenade. Depuis le matin, il pleuvait, il ventait. Le mauvais temps n'avait jamais empêché le Général de sortir, mais ce n'étaient pas les petites pluies de saison qu'il aimait : Charles de Gaulle était né pour les orages, il ne pouvait pas ne pas aimer la foudre. À Malraux, à propos de Kennedy, il avait confié : « Le courage consiste toujours à ne pas tenir compte du danger. Et puis il faut mourir assassiné ou foudroyé » (*Les Chênes qu'on abat*). Puisqu'il n'était pas mort par le feu des hommes, pourquoi ne serait-il pas frappé par le feu de Dieu ? « Si je pouvais, rêvait Byron, incarner ce qui est le plus profond en moi et mettre ainsi tout ce que je cherche, tout ce que je sais, tout ce que je sens, en un seul mot et que ce mot fût : la foudre... »[10]

Mourir foudroyé... Comment se fait-il que Chateaubriand n'y eût point songé ?

Soudain de Gaulle se souvient de la poignante interrogation de Barrès : « Quel est donc cet appel au néant ? Quel est donc ce roi des Aulnes ? » [11] Il aimait depuis sa jeunesse la vieille légende danoise qui avait inspiré Goethe, sans doute en raison du climat de mystère et de terreur sacrée caractérisant l'approche de la mort. Pierre-Louis Blanc y voit l'un des thèmes centraux et permanents de la méditation gaullienne :

« D'un côté, le vertige de l'abandon, l'attraction du néant, la séduction de mirages nés des forces de la nuit ; de l'autre, la puissance de l'affection, la conviction (...) que la vie doit être un combat, fût-il inutile et désespéré. La transposition s'effectue sans peine. La légende du roi des Aulnes, c'est le dialogue entre le Général et la France. Avec, au bout du chemin, la défaite et la mort. » [12]

*
* *

Ce jour-là, le temps ne se gâtera pas au-dessus de Colombey : Charles de Gaulle ne mourra pas foudroyé. L'accalmie s'installe ; il regagne la maison, toujours solitaire, comme dans le quatrain de Péguy qu'il a noté sur son dernier carnet personnel :

> « Seul, sur un océan
> « de lassitudes,
> « Plongé dans un néant
> « de solitudes. » [13]

En 1914, dans sa tranchée, il avait aligné sur une étagère rudimentaire, à côté du *Règlement d'Artillerie de campagne* et d'une table de logarithmes, trois livres : les *Sermons* de Bossuet, l'inévitable *Servitude et grandeur militaires* et les *Pensées* de Pascal. On aime à imaginer qu'en sa dernière retraite il accordait une importance particulière à la pensée qui porte le numéro 131 dans l'édition courante :

« Rien n'est si insupportable à l'homme que d'être dans un plein repos, sans passion, sans affaire, sans divertissement, sans application. Il sent alors son néant, son abandon, son insuffisance, sa dépendance, son impuissance, son vide. Incontinent, il sortira au fond de son âme l'ennui, la noirceur, la tristesse, le chagrin, le dépit, le désespoir. »

Cette pensée porte pour titre ce seul mot : *Ennui*.

Charles de Gaulle ne se promènera plus jamais dans le parc de la Boisserie, où, tandis qu'il regagne la maison enveloppée d'une brume qui s'alourdit, s'avance doucement Raphaël, l'Ange de la mort.

« *Le jardin me sourit comme une face aimée*
« *Qui vous dit longuement adieu quand la mort vient...* »
(Samain, *Le Chariot d'or*)

Un jour, à Moscou, Staline lui avait lancé : « Après tout, il n'y a que la mort qui gagne ! » Rude évidence [14] : de Gaulle en avait été si frappé qu'il avait cité la phrase dans ses *Mémoires de Guerre* [15] ; depuis 1944, il n'avait cessé de la citer. Staline, le matérialiste brutal, ne croyait pas en l'au-delà ; il ignorait toute espérance. Mais sa franchise était salutaire : les hommes d'État, comme tous les personnages hors série, sont si prompts à oublier qu'ils sont mortels ! De Gaulle, lui, ne pensait qu'à cela depuis toujours.

Honorine est en train de terminer une mise en plis à Mme de Gaulle, qui se trouve toujours sous le casque. Dès le retour du Général, Charlotte lui sert le thé. La cuisinière avait fait des petits gâteaux ; il prend l'assiette et va la porter à sa femme. Puis il retourne dans son bureau, où il s'enferme pendant une heure environ, afin d'y rédiger des dédicaces et y écrire quelques lettres.

« Les heures sont longues et la vie est courte », a écrit Fénelon ; de Gaulle a noté cet aphorisme "prudhommesque" du grand écrivain catholique — comme par dérision.

Il aurait pu noter celui-ci, de Jacques Chardonne, un écrivain dont l'attitude durant les « années noires » ne fut pas très glorieuse mais dont de Gaulle trouvait qu'il écrivait « bien agréablement » [16] : « Tout finit bien, puisque tout finit. » Sa vie a été longue mais il a le sentiment que tout est venu trop tard : vingt-quatre ans en 1914, certes, mais cinquante ans en 1940 et soixante-huit ans en 1958. Il lui a fallu faire vite, car le temps lui a manqué. C'est vrai qu'il a bousculé les Français, surtout dans la dernière période. Ils ne l'ont pas compris, comment leur en vouloir ? « Rien n'est jamais tranché par rien, écrivait-il à la comtesse Jean de Pange en avril 1970, puisque nous, les hommes, sommes toujours des hommes. » [17] Il avait toujours envié Atatürk, dont il avait écrit, sur le livre d'or du palais Dolman Bagtché, qu'il « pouvait mourir (...) puisque le pays était en marche ». Pouvait-on en dire autant de lui, de Gaulle ? Au fond de lui, il ne parvenait pas à le penser.

La vie est courte, même pour ceux qui vivent longtemps, et le « moment de vérité » s'éternisait : le torero en avait fini avec les pirouettes et les fioritures, il était devant le taureau, qui ne bougeait pas — devant la bête blessée qu'il allait mettre à mort. Le temps s'arrêtait, chacun retenait son souffle. Dans le *Livre de Zacharie*, Charles de Gaulle avait relevé cette petite phrase incandescente : « Ce soir, il y aura de la lumière. »

Un peu plus tard, racontera Charlotte, il est venu à la cuisine, où se trouvait alors Mme de Gaulle, pour demander à sa femme quelques adresses. Il répondait à ceux de sa famille qui lui avaient souhaité la Saint-Charles — le 4 novembre. La dernière lettre qu'il écrivit fut pour son fils ; elle était très brève, uniquement consacrée au financement de la maison que Philippe projetait de faire construire près de Saint-Raphaël. Elle se terminait par cette simple formule : « Au revoir, mon cher Philippe. »

« Mépriser tout et mourir. » Mourir à son heure, quand on l'a décidé, mourir parce qu'il n'y a plus rien d'autre à faire, mourir sans attendre — mourir non pas seulement pour échapper à la décrépitude, qui n'épargne pas les géants, mais pour accéder à la vraie vie : « Nous allons, même quand nous mourons, vers la vie. »[18] Mourir tant qu'il y a encore une curiosité à satisfaire. Lorsque l'on annonça à l'ex-empereur Charles Quint, dans sa solitude volontaire de Yuste, que son frère Ferdinand avait reçu la couronne d'Allemagne, il soupira :

— Le nom de Charles me suffit, dit-il, parce que je ne suis plus rien.

Il ordonna que l'on préparât aussitôt ses obsèques. Il assista à celles-ci avant de se mettre au lit. Il mourut un mois plus tard, après avoir murmuré : « Il est temps... »[19]

Vers 18 h 45, de Gaulle rejoint sa femme dans la bibliothèque. Il prend place devant la table de bridge, étale ses cartes pour les rituelles réussites, en attendant l'heure de passer à table — généralement après le journal télévisé de 19 heures. Mme de Gaulle est installée à son petit secrétaire Directoire ; elle écrit.

> « *Il ne se passe rien*
> « *Et cependant tout arrive...* »

Bossuet comparait la vie de l'homme à un chemin dont l'issue était « un précipice affreux ». On était forcé d'avancer toujours, de marcher — de marcher sans trêve, malgré les traverses et les souffrances. Souvent, on était tenté de s'arrêter au bord du chemin, de regarder l'eau s'écouler ou de cueillir des fleurs — et parfois, on parvenait à en saisir quelques-unes, au passage. Puis l'on reprenait sa marche inexorable vers le gouffre. Les fleurs se fanaient ; il s'en présentait de moins en moins à cueillir. Les rivières se tarissaient ; les prairies se faisaient plus rares. On marchait encore, mais au milieu de paysages qui s'enfonçaient dans une grisaille indéfinissable.

Depuis le début, on savait que la mort était au bout. À l'inverse d'un tunnel, ce n'était pas la lumière qui apparaissait dans le lointain, mais l'ombre — un halo d'ombre qui s'élargissait et qui, peu à peu, enveloppait tout le décor. « Encore un pas, concluait Bossuet : déjà l'horreur trouble les sens, la tête tourne, les yeux s'égarent » (*Sermons*). On voudrait se retourner une dernière fois...

Staline et Bossuet avaient vu juste : on ne pouvait pas plus échapper à la mort en général qu'à sa propre mort — c'est-à-dire à son propre destin. Le seul remède à l'angoisse qui s'empare alors des esprits faibles, le vieux général le connaissait depuis longtemps : c'était de ne plus ruser avec la mort. « Nous attachons trop de prix à la durée de notre vie », avait-il un jour confié au préfet Rix. [20] Pour lui la mort fait partie de la vie, il n'y a rien à en dire de plus, ce n'est pas un sujet de conversation. Il convient sans doute de s'y préparer convenablement. Mais, au fond, faut-il vraiment s'y préparer ? On se prépare à des événements exceptionnels, or quoi de moins exceptionnel que la mort ? Nietzsche avait raison : « Rien ne vaut rien » ; cela n'était peut-être pas « indifférent », mais cela aidait à repousser la tentation d'en finir avant l'heure...

À 19 heures, Charles de Gaulle branche la télévision. Il s'écroule peu après dans son fauteuil, en murmurant : « Oh ! j'ai mal, là, dans le dos ! » Et perd aussitôt connaissance. Le général de Gaulle est déjà mort — le « pauvre homme de Gaulle » entre en agonie. Il lui était arrivé, naguère, de s'apitoyer sur la mort du Roi-Soleil : « Rien d'émouvant comme la mort de Louis XIV », avait-il écrit sur un carnet personnel en 1920. [21] Ni Mme de Maintenon ni aucun de ses enfants n'étaient là ; il n'y avait que le curé de Versailles et le cardinal de Rohan : « Le vieux roi est mort littéralement seul », avait noté de Gaulle. Mais Louis XIV s'était vu mourir — pas Charles de Gaulle. Le « pauvre homme » ne reprendra pas connaissance. Il avait un jour confié qu'il souhaitait connaître

« l'heure de la mort en pleine conscience » — le temps, à l'exemple de l'empereur Antonin, de murmurer un mot, un seul mot qui remplaçait tous les discours : « Aequanimitas ! » (« Égalité d'âme »). [22] Cette grâce ne lui sera pas consentie.

*
* *

Raphaël était entré dans la maison et les choses étaient en train de s'accomplir. Pendant la guerre, lorsqu'on lui apprenait la mort d'un compagnon, il arrivait à Charles de Gaulle de citer cette prière du *Livre de la pauvreté et de la mort* de Rilke : « Ô mon Dieu, donne à chacun sa propre mort... » Il avait reçu la sienne et personne ne peut dire que c'était celle qu'il avait souhaitée. Beaucoup ironiseront sur cette mort prosaïque : les généraux qui meurent dans leur lit ont toujours excité la verve des peuples, qui voient dans cette fin bourgeoise et peu glorieuse une sorte de revanche ou de compensation. Ainsi le Général aura connu une mort de président de la IVe République — piteuse fin pour un « héros tragique ».

C'était accorder trop de place aux apparences. Comme si sa vie n'avait pas été, essentiellement, tragique ! Comme si l'on ne pouvait pas connaître, « dans son lit », de mort violente. « Les de Gaulle meurent comme ça », avait dit Mme de Gaulle à Pierre Lefranc. [23] Foudroyés, en somme. À Tunis, au printemps 1943, il s'était écrié que la seule chose qu'il convenait désormais de demander à « Notre-Dame la France », c'était qu'« au jour où la mort sera venue nous saisir, elle nous ensevelisse doucement dans sa bonne et sainte terre » [24]. Le jour était arrivé où la chair allait bientôt se dissoudre dans la terre, où la poussière retournerait en poussière, mais où l'être deviendrait l'objet de cette alchimie qui constitue le plus vieux mystère de l'humaine condition : « Nous allons, même quand nous mourons, vers la vie. »

Est-il nécessaire d'être chrétien pour que la mort soit « consentie comme un sacrement de passage » [25] ? Élève à Stanislas, Charles de Gaulle avait écrit en 1908 un poème fortement inspiré par le goût du temps, où il formulait deux vœux. Le premier ne sera pas exaucé :

« Quand je devrai mourir, j'aimerais que ce soit
« Sur un champ de bataille... »

Le second le fut :

« J'aimerais que ce soit le soir. Le jour mourant
« Donne à celui qui part un regret moins pesant... » [26]

**
* **

En dehors de Mme de Gaulle, seul témoin direct du malaise de son mari, cinq personnes seulement ont vu le Général dans la demi-heure qui suivit (les deux domestiques, le chauffeur, le médecin, le curé). Le lendemain, le nombre s'élève, tout en demeurant relativement limité : « Il y a très peu de monde qui a vu le Général après sa mort, dit la cuisinière : le maire, les conseillers, la famille, bien sûr. » Pour la seule matinée du 10 novembre, Jean Mauriac cite également une bonne demi-douzaine de personnes (parmi lesquelles Paul Dijoud, préfet de la Haute-Marne). L'après-midi, toujours selon l'historiographe attitré, quatre personnalités s'annoncent : l'évêque de Langres, le général Massu, Michel Debré et le chef d'état-major des armées, le général Fourquet.

La mise en bière eut lieu dans le salon de la Boisserie, confiée aux soins de deux menuisiers, mais le couvercle ne fut pas immédiatement vissé. Philippe de Gaulle avait souhaité que d'autres personnes pussent voir la dépouille du Général, à commencer par sa sœur, Mme Cailliau, qui arriva à Colombey le lendemain. Mais Mme de Gaulle n'y tenait pas outre mesure, arguant d'une volonté clairement exprimée par son mari : « Il concevait la mort, explique Philippe de Gaulle, comme l'affaire de Dieu et de la famille et ne souhaitait pas de défilé devant sa dépouille. »[1]

Une bonne trentaine de personnes au moins ont cependant vu le corps de Charles de Gaulle. Les premiers arrivés, le 10 novembre, peu après minuit, furent le général de Boissieu et sa femme ; ils veillèrent un corps déjà revêtu de l'uniforme kaki et enveloppé dans un drapeau tricolore. Au matin du 10, le premier reçu, dès 8 heures, fut Jean Raullet, le maire-vétérinaire de Colombey ; Mme de Gaulle voulait régler avec lui au plus tôt les détails de l'inhumation. « Elle veut un enterrement comme tout le monde », devait confier Jean Raullet. Admis dans le salon, il aperçut le Général « allongé sur quelque chose d'assez haut, un mètre environ, caché à moitié par un drapeau tricolore »[27]. Les conseillers municipaux n'en verront pas davantage ; le maire « bafouille quelques mots » (c'est lui qui le dit), puis prend congé. Le menuisier de Colombey se présente ensuite ; il vient prendre les mesures pour le cercueil. « Ce brave artisan consciencieux, note Chapus, est terrorisé par ce qu'on lui demande. » Au point, semble-t-il, qu'il demandera à son propre fils et à son collègue du village voisin de procéder, le soir même, à la mise en bière.

Les visiteurs se succédèrent toute la journée. « Le désir profond de Mme de Gaulle, rappelle Jean Mauriac, était que le moins de personnes possible voient le général de Gaulle mort. »[28]

Le moins que l'on puisse dire est que ce désir ne fut pas exaucé... Selon l'historiographe officiel, le visage du Général était « serein », donnant l'impression que la mort avait été subite, que de Gaulle n'avait pas souffert. « Il est comme rajeuni de vingt ans », confiera un « proche »[30]. La fragilité des témoignages, surtout dans des circonstances bouleversantes, est une évidence qui n'a plus à être illustrée. « Son visage était reposé, presque serein », dit Philippe de Gaulle ; ce « presque » introduit une nuance par rapport au récit de Jean Mauriac. Michel Debré, seul

198

membre du gouvernement à avoir vu le Général sur son lit de mort [31], précise : « Le Général avait le visage pâle, jaune comme la cire. » [32] Quant à Massu, cité par Jean Mauriac lui-même, il trouve le visage « très changé et terriblement impressionnant » [33]. Curieuses dissonances.

À Pierre Lefranc, qui lui fait demander si elle ne souhaite pas conserver un moulage du visage ou des mains, Mme de Gaulle fait répondre par la négative. À l'un de ses enfants — probablement Mme de Boissieu — qui voudrait savoir si elle aimerait conserver une mèche de cheveux, elle répond : « Pas de reliques. » Jean Mauriac commente : « Rien, rien qui puisse rappeler la dépouille du général de Gaulle. » [34]

Si des proches posaient la question, c'est qu'elle pouvait légitimement se poser. Alors que le dessin et surtout la photographie sont condamnés par une fâcheuse tendance au voyeurisme des moyens modernes d'information, le moulage des mains ou du visage est une vieille tradition française, et l'on ne compte plus les grands hommes de notre histoire dont il existe encore ces émouvantes traces. Mais, pour Mme de Gaulle, il ne doit rien rester de la dépouille de son mari — ni photographie, ni moulage, ni mèche de cheveux. « Pas de reliques » : il y en aura, pourtant, mais ce ne seront que des vêtements ou des objets familiers.

*
* *

Il y avait près de deux millions de personnes en août 1944 sur les Champs-Élysées pour le défilé de la Libération ; en mai 1968, au même endroit, on en dénombrera environ un million ; pour la grande manifestation des défenseurs de l'école libre en juin 1984, les estimations varieront de un à deux millions...

« Ah ! c'est la mer ! (...) Si loin que porte ma vue, ce n'est qu'une houle vivante, dans le soleil, sous le tricolore. » [35]

L'image vient naturellement sous la plume de Charles de Gaulle lorsqu'il se souvient du 26 août 1944 : la foule ressemble à la mer — l'une et l'autre promptes aux bousculades, aux déferlantes, aux débordements, mais aussi aux volte-face spectaculaires, précédant les retraites. Paul Adam, un écrivain bien oublié [36], évoquait en 1895 « le mystère des foules » ; la même année, Gustave Le Bon, mieux traité par la postérité, s'attachait à décrire « la psychologie des foules ». En novembre 1970, la foule parisienne revint à de Gaulle mort aussi vite qu'elle s'en était détournée lorsqu'il était encore vivant. [37] Aussi, ce qui frappe surtout, ce 12 novembre, c'est moins la foule — ou le peuple, selon l'idée que l'on se fait de ces rassemblements [38] — qui rend un dernier hommage à l'homme qu'elle a mis prématurément à la retraite quelque dix-huit mois plus tôt que l'incroyable densité de chefs d'État et de gouvernement présents à la messe de requiem célébrée à Notre-Dame de Paris : plus de quatre-vingts !

« Jamais, de mémoire d'homme, assure *France-Soir,* pour une cérémonie qui n'est même pas un véritable enterrement, on n'a vu autant de grands de ce monde, venus d'autant de pays différents, parfois opposés, parfois en guerre les uns avec les autres. » [39]

La performance ne sera pas renouvelée dans les vingt années qui suivirent. Le sera-t-elle jamais ? Et l'Histoire offre-t-elle un exemple identique ou même approchant ?

De Gaulle, on l'a vu, avait souhaité des obsèques « simples », interdisant qu'on lui fît des obsèques nationales. « Beaucoup de soldats, beaucoup de musique », avait dit Churchill à l'article de la mort. Le Général, pour sa part, n'était pas hostile à une participation de l'armée, à condition, avait-il spécifié, qu'elle demeurât « de dimensions très modestes ». Et il avait ajouté : « Sans musique, ni fanfares, ni sonneries. » On songe ici au prodigieux octosyllabe de Samain : « *Silence, silence, silence...* »

Il y eut donc deux cérémonies : les funérailles proprement dites à Colombey et la cérémonie de Notre-Dame, décidée par le président Pompidou, que de Gaulle n'avait pas prévue et, par conséquent, qu'il n'avait pu formellement interdire. Dans ses dernières volontés, il refusait expressément tout discours, toute « oraison funèbre » au Parlement et rejetait « toutes distinction, promotion, dignité, citation, décoration » — il n'évoquait pas l'éventualité d'un hommage national, qui lui fut rendu à Paris le jour même de ses obsèques.

Les portes de Notre-Dame furent ouvertes à 9 heures, afin de laisser entrer la foule, qui attendait depuis le début de la matinée. Le service religieux commença à 11 heures, en présence de plus de sept mille personnes. La messe des morts en français, avec chants latins, fut dite par le cardinal-archevêque ; Georges Pompidou avait pris place à la droite du chœur. Tous les pays représentés à Paris et à l'ONU avaient, sans exception, annoncé leur participation. Certains États étaient même représentés par plusieurs présidents ou chefs de gouvernement : le titulaire de la fonction et un ou plusieurs de ses prédécesseurs. C'était le cas de la Grande-Bretagne et de la République fédérale d'Allemagne. D'autres n'avaient pas hésité à envoyer des personnages que l'on avait rarement l'occasion de voir à Paris, tels l'empereur d'Iran ou celui d'Éthiopie. Deux monstres sacrés, très fatigués, n'étaient pas là : Mao Tsé-Toung et Chou En-Laï, mais les couronnes qu'ils avaient envoyées, couvertes d'idéogrammes chinois, firent sensation.

Le plus extraordinaire, cependant, n'était-il pas que tous ces hommes illustres se trouvaient réunis dans une nef où l'on n'apercevait aucun catafalque ?

À Colombey-les-deux-Églises, l'après-midi même, eurent lieu les obsèques religieuses et l'inhumation. *France-Soir* eut une trouvaille que bien des rédactions lui envièrent : pour un jour, Colombey, village de moins de quatre cents habitants, était « la capitale de la France » et Paris, « la capitale du monde ». Quarante mille personnes venues de toute la France étaient présentes ; les voitures étaient stationnées à cinq kilomètres à la ronde. Bien peu eurent la chance de voir quelque chose d'intéressant ; il y avait beaucoup trop de monde sur le trajet qui sépare la Boisserie du cimetière.

On raconta ensuite que les cinq mille églises de France firent sonner leurs cloches au moment où le cercueil faisait son entrée dans l'église. Malraux arriva le dernier — le service était déjà commencé. Il apparut hagard — à tout le moins égaré par le chagrin et la stupeur. « C'étaient les obsèques d'un chevalier, confiera-t-il à Jean Mauriac. Il y avait seulement la famille, l'ordre, la paroisse... » [40] À cette simplicité correspondit celle de la sépulture : une dalle immaculée en « comblanchien » recouvrait désormais la sépulture du général de Gaulle et de sa fille cadette.

> « *S'en aller calmement avant la fin du jour,*
> (...)
> « *S'endormir dans la plaine aux verdoyants réseaux,*
> « *Mourir pour être encore plus proche de la terre...* » [41]

Charles de Gaulle connaissait ces vers d'Anna de Noailles comme il connaissait — il l'avait notée dans un carnet personnel de 1927 — cette rude exhortation de Marguerite d'Écosse, la première femme de Louis XI, morte à vingt et un ans : « Finie la vie ! Qu'on ne m'en parle plus ! » [42]

NOTES ET RÉFÉRENCES

PROLOGUE : « VOICI NOVEMBRE »

1. Jacques Vendroux, *Cette Chance que j'ai eue*, Plon, 1974, p. 60.

2. Charles de Gaulle, *Mémoires de Guerre*, Plon, 1956, II, p. 273.

3. Jean Mauriac, *Mort du général de Gaulle*, Grasset, 1972, pp. 144-145.

4. Maurice Barrès, *Amori et Dolori Sacrum*, Juven, 1903, p. 273.

5. *Ibid.*, p. 291.

6. Cité par Jean Lacouture, *De Gaulle*, III, Le Seuil, 1986, p. 612.

7. Charles de Gaulle, *Lettres, Notes et Carnets*, XII, Plon, 1988, p. 170.

8. *Ibid.*, pp. 92-106.

9. *Ibid.*, p. 157.

10. *Ibid.*, pp. 169-170.

11 *Ibid.*, p. 84.

12. *Ibid.*, pp. 81-83.

13. Cité par Jean Lacouture, *op. cit.*, III, p. 784.

14. Maurice Barrès, *La Colline inspirée*, rééd. Le Livre de Poche, 1961, p. 11.

CHAPITRE I : UNE MORT INATTENDUE

1. R. Rothenberg, *Le Médical, Encyclopédie usuelle*, Flammarion, 1978, p. 175.

2. Jacques Chapus, *Mourir à Colombey*, La Table Ronde, 1971, p. 28.

3. Jean Mauriac, *op. cit.*, p. 163.

4. Philippe de Gaulle, interview au *Point*, 19 novembre 1990.

5. Charlotte Marchal, interview à *Paris-Match*, 14 novembre 1980.

6. Jean Mauriac, *op. cit.*, p. 161.

7. Philippe de Gaulle, interview à *Paris-Match*, 15 novembre 1990.

8. In *Le Figaro*, 7 novembre 1980.

9. Honorine Dematraz, interview à *Paris-Match*, 14 novembre 1980.

10. Jacques Chapus, *op. cit.*, p. 17.

11. *Ibid.*, p. 19.

12. Nous ne sommes pas en mesure d'en proposer une autre, plus acceptable.

13. In *Le Monde*, 9 janvier 1970. L'article d'André Passeron était intitulé : « *Le général de Gaulle semble avoir renoncé définitivement à tout rôle politique.* »

14. Jean-Marcel Jeanneney, témoignage à l'auteur, 19 mai 1991.

15. Jacques Massu, témoignage à l'auteur, 5 juin 1991.

16. Alain de Boissieu, témoignage à l'auteur, 23 mai 1991 (souligné par le général de Boissieu).

17. Pierre Messmer, témoignage à l'auteur, 9 juillet 1992.

18. Jean Mauriac, *op. cit.*, p. 144.

19. La fin de Henri de Gaulle, mort en 1932 dans sa 84e année (et non 83e, comme l'indique inexactement Jean Lacouture), n'est pourtant pas de celles que l'on peut envier : « Il [Charles de Gaulle] avait vu son père dans un fauteuil roulant, il avait souffert pour lui, il me l'avait souvent dit » (témoignage d'Alain de Boissieu à l'auteur, 23 mai 1991).

20. Jean Mauriac, *op. cit.*, p. 162.

21. François Flohic, *Souvenirs d'outre-Gaulle*, Plon, 1979, pp. 195-196.

22. Devant Malraux, de Gaulle réfuta énergiquement cette éventualité (« Je ne pourrai pas, pour la troisième fois, rattraper la France par les cheveux au dernier moment »), tout en assurant qu'il sortirait de son silence si l'on mettait « le pays en question » (*La Corde et les Souris*, Gallimard/Folio, 1976, p. 170).

23. Antoine Pinay a eu 101 ans le 30 décembre 1992.

24. Georges Buis, témoignage à l'auteur, 28 octobre 1991.

25. Jean Mauriac, *op. cit.*, pp. 41-42.

26. Jean Mauriac cite également ce propos de Xavier de la Chevalerie, ancien directeur du cabinet et l'un des rares visiteurs du Général en 1969-1970 : « La blessure ne se refermera jamais » (*op. cit.*, p. 43).

27. Inexact : Napoléon III avait gouverné la France du 10 décembre 1848 au 4 septembre 1870.

28. In *Le Figaro*, 11 juin 1990.

29. In *Le Figaro*, 9 novembre 1990.

30. Charles de Gaulle, *Lettres, Notes et Carnets*, XII, p. 103.

31. Robert Poujade, témoignage à l'auteur, 27 mai 1991.

32. Maurice Schumann, témoignage à l'auteur, 4 juillet 1991.

33. Pierre Lefranc, témoignage à l'auteur, 26 mai 1991.

34. Denis Périer-Daville, in *Le Figaro*, 22 septembre 1969.

35. Jean-Jacques Faust, in *L'Express*, 27 avril 1970.

36. Charles de Gaulle, *ibid.*, III, p. 356.

37. In *Le Figaro*, 27 avril 1970.

38. Charles de Gaulle, *op. cit.*, XII, p. 103.

39. Pierre-Louis Blanc, *De Gaulle au soir de sa vie*, Fayard, 1990, p. 70.

40. Jules Roy, témoignage à l'auteur, 9 octobre 1991.

41. Pierre-Louis Blanc, *op. cit.*, p. 224.

42. « De Gaulle découvrant Vauvenargues se sent en climat familier : austérité, contrainte, exigence à l'égard de soi-même, labeur, profonde réflexion, noblesse, rêve de gloire, grandeur des armes » (Pierre Messmer et Alain Larcan, *Les Écrits militaires de Charles de Gaulle*, Presses Universitaires de France, 1985, p. 511).

CHAPITRE II : « LA VIEILLESSE EST UN NAUFRAGE »

1. Henri Guillemin, *Le Général clair-obscur*, Le Seuil, 1984, p. 218.

2. Raymond Tournoux, *Pétain et de Gaulle*, Plon, 1964, p. 210.

3. François Flohic, *op. cit.*, p. 212.

4. Philippe Ragueneau, *Humeurs et Humour du Général*, Jacques Grancher, 1990, pp. 22-23.

5. L'ancienne reine Élisabeth de Belgique (89 ans), l'ancien président sud-coréen Syngman Rhee (90 ans) et surtout le général Weygand (98 ans). En 1965 disparut également, mais à 65 ans seulement, Daniel-Rops, qui, alors directeur de la collection *Présences* chez Plon, avait commandé à de Gaulle *La France et son armée*.

6. Jean d'Escrienne, *De Gaulle de près et de loin*, Plon, 1978, p. 223.

7. Pierre Lefranc, *Avec de Gaulle*, Plon/Presses Pocket, 1979, p. 63.

8. *Ibid.* En se remémorant cette scène, trente-deux ans plus tard, Pierre Lefranc rectifie : « Quelle horreur ! » (témoignage à l'auteur, 26 mai 1991).

9. Pierre Lefranc, *op. cit.*, p. 203.

10. Philippe Ragueneau, *op. cit.*, p. 10.

11. Jean d'Escrienne, *op. cit.*, p. 222.

12. Pierre-Louis Blanc, *op. cit.*, pp. 297-298.

13. Charles de Gaulle, *op. cit.*, p. 215.

14. Pierre-Henry Rix, *Par le portillon de la Boisserie*, Nouvelles Éditions Latines, 1974, p. 101.

15. Pierre Lefranc, témoignage à l'auteur, 26 mai 1991.

16. Cité par le docteur Martine Pérez, *Du gâtisme ordinaire à la maladie d'Alzheimer*, in *Le Figaro*, 14 novembre 1991.

17. Pierre Messmer, témoignage à l'auteur, 9 juillet 1992.

18. Raymond Tournoux, *La Tragédie du Général*, Plon, 1967, p. 367, note.

19. Les plus éprouvants furent probablement les deux déplacements en Amérique qui encadrent l'opération de la prostate, en 1964 : celui qui le conduisit au Mexique et aux Antilles (15-24 mars) et surtout celui qui le vit parcourir dix États du sous-continent (20 septembre-16 octobre).

20. Olivier Guichard, *Mon Général*, Grasset, 1980, p. 313.

21. François Goguel, in *En ce temps-là de Gaulle*, n° 20 (cette encyclopédie en soixante et onze fascicules hebdomadaires, publiée par les Éditions du Hennin, dirigée par Henri Gautrelet et Guy Schoeller, commença à paraître en avril 1971).

22. Jules Roy, témoignage à l'auteur, 9 octobre 1991 (recueilli quelques jours avant son 84e anniversaire).

23. Hervé Alphand, *L'Étonnement d'être* (Journal 1939-1973), Fayard, 1977, p. 281.

24. Bernard Tricot, témoignage à l'auteur, 16 octobre 1991.

25. Jean Mauriac, *op. cit.*, p. 149.

26. Emmanuel Berl, *Essais*, Julliard, 1985, p. 193.

27. Le commandant Gaston de Bonneval, aide de camp du général de Gaulle à l'Élysée ; Étienne Burin des Roziers, secrétaire général de l'Élysée de 1962 à 1967.

28. Maurice Schumann, témoignage à l'auteur, 4 juillet 1991.

29. Jean d'Escrienne, *op. cit.*, p. 224.

30. Jacques Chaban-Delmas, témoignage à l'auteur, 21 mai 1991.

31. Claude Dulong, *La Vie quotidienne à l'Élysée au temps de Charles de Gaulle*, Hachette, 1974, p. 235.

32. Jean d'Escrienne, *op. cit.*, p. 226.

33. Anne et Pierre Rouanet, *Les trois derniers chagrins du général de Gaulle*, Grasset/Le Livre de Poche, 1980, II, p. 402.

34. Pierre-Henry Rix, *op. cit.*, p. 101.

35. Charles de Gaulle, *op. cit.*, XI, p. 164.

36. Raymond Tournoux, *op. cit.*, p. 368.

37. Olivier Guichard, *op. cit.*, p. 407.

CHAPITRE III : LA TENTATION DU DÉPART

1. Le compte rendu de l'entretien télévisé du général de Gaulle et de Michel Droit figure dans la presse quotidienne du 8 juin 1968. Le général Massu en reproduit l'essentiel dans son livre *Baden 68* (Plon, 1983, pp. 150-151).

2. Flammarion, 1971, p. 180.

3. Henri Laborit, *Les Ruptures positives du Général*, in *Le Figaro*, 8 juin 1990.

4. Il s'attache cependant au mot «fuite» une connotation trop péjorative dans l'opinion commune et dans l'usage courant pour que nous l'utilisions dans les pages qui suivent. De Gaulle lui-même confiait au préfet Rix : « La fuite n'est jamais honorable... » (*op. cit.*, p. 104).

5. Olivier Guichard, *op. cit.*, p. 455.

6. Charles de Gaulle, *Mémoires de Guerre*, I, p. 104.

7. *Ibid.*, p. 108.

8. On reviendra dans le chapitre suivant sur l'affaire de Dakar, qui, moins de deux mois après l'Appel du 18 juin, faillit pousser le chef de la toute jeune France Libre à « quitter l'Histoire ».

9. Charles de Gaulle, *op. cit.*, I, p. 222.

10. Pierre Billotte, *Le Temps des armes*, Plon, 1972, pp. 224-225.

11. Charles de Gaulle, *op. cit.*, I, p. 223.

12. *Ibid.*, p. 224.

13. *Ibid.*, II, p. 32.

14. Publié par François Kersaudy, *De Gaulle et Churchill*, Plon, 1981, pp. 172-177.

15. Charles de Gaulle, *op. cit.*, II, p. 33.

16. *Ibid.*, p. 34.

17. Selon Jean Lacouture, de Gaulle éprouva en juin 1943 puis en juin 1944 la tentation de tout quitter. La première fois, au moment du bras de fer avec Giraud, qui revendiquait alors le commandement militaire, il s'enferma durant une semaine à la Villa des Glycines, à Alger, menaçant même de partir pour Brazzaville. La seconde fois, au moment du débarquement de Normandie, à la préparation duquel il n'avait pas été associé. Mais, selon nous, il n'existe pas assez d'éléments décisifs permettant de conclure qu'en ces deux occasions il fut effectivement tenté de se retirer. Ni le soutien américain à Giraud ni la quarantaine imposée par les Alliés, bien que durement ressentis, ne pouvaient justifier qu'il abandonnât alors la direction de la France Libre.

18. Charles de Gaulle, *op. cit.*, III, p. 271.

19. *Ibid.*, p. 277.

20. Seule une fidélité aveugle peut pousser Olivier Guichard à voir dans l'acte du 20 janvier 1946 « le plus brutal, le plus improvisé, le moins politique des départs » (*op. cit.*, p. 187). Le départ du Général ne fut en effet ni brutal ni improvisé, mais, au contraire, longuement mûri ; en outre, ce fut bien un acte « politique », qui n'eut pas les effets escomptés par son auteur.

21. Charles de Gaulle, *op. cit.*, III, p. 279.

22. *Ibid.*, p. 284.

23. Jean Lacouture, *op. cit.*, II, p. 225.

24. Pierre Lefranc, *op. cit.*, p. 81.

25. Jean Lacouture, *op. cit.*, II, p. 249.

26. Claude Mauriac, *Aimer de Gaulle*, Grasset, 1978, p. 211.

27. Jean Lacouture, *op. cit.*, II, p. 199.

28. Pierre Messmer, témoignage à l'auteur, 9 juillet 1992.

29. Georges Pompidou, *Pour rétablir une vérité*, Flammarion, 1982, p. 108.

30. Cité par Pierre Viansson-Ponté, *Histoire de la République gaullienne*, Fayard, 1971 ; rééd. Laffont/Bouquins, 1984, p. 323.

31. *Ibid.*, p. 327.

32. *Ibid.*, p. 329.

33. Jean Lacouture, *op. cit.*, III, p. 587.

34. Pierre Viansson-Ponté, *op. cit.*, p. 330.

35. *Ibid.*, p. 331.

36. Cité par André Passeron, *De Gaulle parle*, Plon, 1966, II, p. 55.

37. Éric Roussel, *Georges Pompidou*, Jean-Claude Lattès, 1984, p. 152.

38. Jean Lacouture, *op. cit.*, III, p. 591.

39. *Ibid.*, p. 636.

40. Éric Roussel, *op. cit.*, p. 196.

41. Pierre Viansson-Ponté, *op. cit.*, p. 422.

42. Arme utilisée par le commando du Petit-Clamart en 1962.

43. Jean Lacouture, *op. cit.*, III, p. 637.

44. François Broche, *De Gaulle en ballottage*, in *Le Roman vrai de la Ve République (La France du Général, 1963-1966)*, Julliard, 1981, pp. 243-244.

45. Charles de Gaulle, *Discours et Messages*, Plon, 1970, IV, p. 442.

46. *En ce temps-là de Gaulle*, n° 22.

47. Pierre Viansson-Ponté, *op. cit.*, p. 422.

48. Alain Peyrefitte a raconté à Jean Lacouture comment il avait fallu attendre jusqu'au petit matin le résultat des îles Wallis et Futuna pour savoir que l'UD-V^e disposait d'une majorité d'un siège.

49. Jean Lacouture, *op. cit.*, III, p. 661.

50. Pierre Viansson-Ponté, *op. cit.*, p. 493.

51. François Flohic, *op. cit.*, p. 172.

52. Pierre Viansson-Ponté, *op. cit.*, p. 613.

53. *Ibid.*, p. 626.

54. Georges Pompidou, *op. cit.*, pp. 192 et ss.

55. Pierre Lefranc, *op. cit.*, p. 361.

56. François Goguel, in *Espoir*, n° 24.

57. François Flohic, *op. cit.*, p. 176.

58. Il avait d'abord songé à convoquer Massu au mont Sainte-Odile, l'un des hauts lieux de l'Alsace chers à Barrès qui lui consacre deux chapitres de son roman *Au Service de l'Allemagne* : « Quand je ramasse ma raison dans ce cercle (...), je multiplie mes faibles puissances par des puissances collectives, et mon cœur qui s'épanouit devient le point sensible d'une longue nation » (chapitre V). Et aussi : « Cette sainte montagne, au milieu de nos pays de l'Est, brille comme un buisson ardent. Ainsi éclairés, nous ne nous perdons pas dans les circonstances passagères et accidents extérieurs » (chapitre VI). Dans un entretien télévisé avec Jacqueline Baudrier, en novembre 1971, Philippe de Gaulle déclarait que le mont Sainte-Odile est « un des hauts lieux où on allume des feux d'alarme quand des barbares menacent de submerger la civilisation ». Le rendez-vous de Sainte-Odile avait été finalement annulé en raison des mauvaises conditions atmosphériques.

59. Général Massu, *Baden 68, itinéraire d'une fidélité gaulliste*, Plon, 1983, p. 73.

60. François Flohic, *op. cit.*, p. 182.

61. Général Massu, *op. cit.*, pp. 79-92.

62. Général Massu, témoignage à l'auteur, 5 juin 1991.

63. Georges Pompidou, *op. cit.*, p. 201.

64. Général Massu, *op. cit.*, pp. 142-143.

65. François Flohic, *op. cit.*, p. 180.

66. *Ibid.*, p. 185.

67. *Ibid.*, p. 190.

68. Jean Lacouture, *op. cit.*, III, p. 752.

69. Michel Debré, *Trois Républiques pour une France*, Albin Michel, 1984, pp. 50-51.

70. Bernard Tricot, témoignage à l'auteur, 16 octobre 1991.

71. Cité par Jean Lacouture, *op. cit.*, III, p. 756.

72. François Flohic, *op. cit.*, p. 105.

73. Cité par Pierre Viansson-Ponté, *op. cit.*, p. 689.

74. Jean Mauriac, *op. cit.*, p. 52.

75. Cité par Pierre Viansson-Ponté, *op. cit.*, p. 691.

76. Pierre-Louis Blanc, *op. cit.*, p. 247.

77. Pierre Viansson-Ponté, *op. cit.*, p. 690.

78. Jean-Jacques Candy et Marie-Josèphe Roussel, *Le Sentiment religieux chez Charles de Gaulle*, mémoire de maîtrise, Lyon, Faculté des Lettres et des Sciences humaines, 1974, pp. 165-166.

79. Entretien avec André Malraux, in *Charles de Gaulle, L'Herne*, n° 21, 1972, p. 111.

80. J.-J. Candy et M.-J. Roussel, *op. cit.*, p. 165.

81. Yves Guéna, *Le Temps des certitudes*, Flammarion, 1982, p. 316.

82. François Flohic, *op. cit.*, p. 190.

83. René Brouillet, témoignage à l'auteur, 24 septembre 1991.

84. René Rémond, *Notre Siècle*, Fayard, 1988, p. 716.

85. François Flohic, *op. cit.*, p. 195.

1. Cité par Jean Mauriac, *op. cit.*, p. 52.

2. Philippe de Gaulle, interview à *Paris-Match*, 15 novembre 1990.

3. Philippe de Gaulle, interview au *Point*, 19 novembre 1990.

4. Charles de Gaulle, *Lettres, Notes et Carnets,* XII, p. 87.

5. *Ibid.*, p. 97.

6. André Malraux, *La Corde et les Souris*, Gallimard/Folio, 1976, p. 182.

7. Jacques Chapus, *op. cit.*, pp. 107-108.

8. François Flohic, *op. cit.*, p. 201.

9. *Ibid.*, p. 221.

10. Cité par Jean Mauriac, *op. cit.*, p. 55.

11. In *Le Monde*, 12 novembre 1970.

12. Pierre-Henry Rix, *op. cit.*, p. 98.

13. Gallimard, 1971. Le texte en a été repris dans le tome 2 du *Miroir des Limbes (La Corde et les souris*, pp. 153 à 283).

14. André Malraux, *op. cit.*, p. 178.

15. *Ibid.*, p. 180.

16. Mais ce chat n'est, après tout, qu'une jolie trouvaille de Malraux. De Gaulle aimait-il les chats ?

17. André Malraux, *op. cit.*, p. 181.

18. *Ibid.*, p. 191.

19. Cité par Jean Mauriac, *op. cit.*, p. 113.

20. Romain Gary, *Éducation européenne*, Gallimard/Folio, 1977, pp. 24-25.

21. Cité par Jean Mauriac, *op. cit.*, p. 55.

22. Cité par Jean Lacouture, *op. cit.*, III, p. 760.

23. Nerin Gun, *Pétain, Laval, de Gaulle*, Albin Michel, 1979, p. 280.

24. André Malraux, *op. cit.*, p. 284.

25. Pierre-Henry Rix, *op. cit.*, pp. 98-99.

26. Charles de Gaulle, *Mémoires de Guerre*, I, p. 109.

27. Le témoignage de l'amiral Thierry d'Argenlieu a été publié dans les numéro 12 et 13 de *En ce temps-là de Gaulle*.

28. Geoffroy de Courcel, témoignage publié dans *En ce temps-là de Gaulle*, nº 13.

29. La rumeur avait pris naissance au lendemain de Dakar. Maurice Martin du Gard s'en fera l'écho en 1949 dans *La Carte impériale* : « Au moment où le sort abandonna le général de Gaulle (...), une détresse si insoutenable l'envahit qu'il faillit se jeter dans la mer » (Éditions André Bonne, p. 122).

30. Raymond Tournoux, *Pétain et de Gaulle*, Plon, 1964, p. 234.

31. Raymond Tournoux, *Jamais dit*, Plon, 1971, pp. 87-88.

32. Souligné par le général de Boissieu.

33. Alain de Boissieu, témoignage à l'auteur, 7 juin 1991.

34. Jacques Massu, témoignage à l'auteur, 5 juin 1991.

35. Robert Poujade, témoignage à l'auteur, 27 mai 1991.

36. In *En ce temps-là de Gaulle*, nº 13.

37. Pierre-Louis Blanc, *op. cit.*, p. 107.

38. Georges Buis, témoignage à l'auteur, 28 octobre 1991.

39. Philippe de Gaulle, témoignage à l'auteur, 27 août 1991.

40. Montaigne, *Les Essais*, III, 12.

41. In *Le Figaro*, 14 avril 1976.

42. Cité par Yves Guéna, *op. cit.*, p. 106.

43. Jean Lacouture, *op. cit.*, p. 283.

44. Jean, X, 18. Traduction Crampon : « Personne ne me l'enlève mais c'est moi qui la donne de moi-même ; j'ai le pouvoir de la donner et j'ai le pouvoir de la recouvrer. » Traduction Lemaître de Sacy : « Personne ne me la ravit mais c'est de moi-même que je la quitte ; et j'ai le pouvoir de la reprendre. » On ne peut s'empêcher de remarquer qu'une nuance importante existe entre le « donner » de la version traditionnelle et le « quitter » de la « Bible de Port-Royal ».

45. In *Le Monde*, 3 novembre 1972. Saint Augustin a donné une formulation au vieux précepte du Décalogue : « Tu ne tueras personne, ni un autre ni toi-même » (*La Cité de Dieu*, I, 20). Cf. Patrick Baudet, *L'opinion de Saint Augustin sur le suicide*, in *Les Dossiers H, L'Âge d'Homme*, 1988, pp. 125-152.

46. Georges Ras, *Ce soir, je me suicide*, Fayard, p. 53.

47. In *L'Actualité*, nº 69, 15 mars 1971.

48. Dale C. Thompson, *De Gaulle et le Québec*, Éditions du Trécarré, Saint-Laurent, Québec, 1990.

49. Jean Guitton, *Un Siècle, une Vie*, Robert Laffont, 1988, p. 309.

50. Charles de Gaulle, *op. cit.*, I, p. 261.

51. Anne et Pierre Rouanet, *Les trois derniers chagrins du général de Gaulle*, I, p. 36.

52. Pierre Rossi, *Solitude et solidarité du chef*, in *Charles de Gaulle, L'Herne*, nº 21, p. 67.

53. Pierre Lance, *De Gaulle chrétien nietzschéen*, Éditions de la Septième Aurore, 1965.

54. Raymond Tournoux, *La Tragédie du Général*, p. 13.

55. Pierre Messmer et Alain Larcan, *op. cit.*, p. 428.

56. Propos tenus au cours d'un entretien à France-Inter.

57. Jules Roy, témoignage à l'auteur, 9 octobre 1991.

58. André Breton, *Anthologie de l'Humour noir*, Pauvert/Le Livre de Poche, 1970.

59. Cité par J.-J. Candy et M.-J. Roussel, *op. cit.*, p. 163.

60. Pierre-Henry Rix, *op. cit.*, p. 165.

CHAPITRE V : LA RELIGION DU GÉNÉRAL

1. RP Bruckberger, *De Gaulle était-il chrétien ?*, in *Espoir*, nº 7, septembre 1974.

2. Jean Lacouture, *op. cit.*, I, p. 34.

3. René Brouillet, témoignage à l'auteur, 24 septembre 1991.

4. Raymond Tournoux, *Pétain et de Gaulle*, p. 23.

5. Pour Edmond Michelet, Charles de Gaulle était « un élève de La Tour du Pin, pour qui le droit de propriété n'est pas exactement celui du droit romain » (*La Querelle de la fidélité*, p. 9).

6. Jean Lacouture, *op. cit.*, I, p. 16.

7. Cité par le RP Bruges, *Gaullisme et catholicisme*, DES de science politique, Paris, 1972.

8. Jean-Marie Domenach, témoignage à l'auteur, 12 juin 1991.

9. Jean-Christian Petitfils, *Le Gaullisme*, PUF/Que sais-je, 1977, p. 42.

10. Et pourtant l'un des premiers ouvrages parus sur de Gaulle, publié en 1941, sera dédié à la mémoire de Maurice Barrès, « qui ne désespéra jamais de notre pays, ni de la liberté des esprits dans le monde ». L'auteur, il est vrai, en était Philippe Barrès. Par ailleurs, dans la revue *Espoir* (n° 8, décembre 1974, pp. 18-26), a paru une magistrale étude d'Alain Delcamp sur *Charles de Gaulle et Maurice Barrès* qui met notamment en évidence le rôle du catholicisme et de « la conscience aiguë des profondeurs du passé national » dans leur formation commune.

11. *L'Action française* accueillit favorablement les premiers livres du colonel de Gaulle. Pierre de Boisdeffre voit en de Gaulle « un héritier de Maurras méconnu par les vrais fidèles » (*Lettre ouverte aux hommes de gauche*, Albin Michel, 1969, p. 47).

12. Edmond Michelet, *La Querelle de la fidélité*, Fayard, 1971, p. 19.

13. Charles Péguy, *Le Porche du mystère de la deuxième vertu*, Gallimard, 1957, p. 529. Comment ne pas songer à Anne de Gaulle, morte à vingt ans, qui, toute sa vie, fut « une petite fille de rien du tout » ? Cf. chapitre VII.

14. Charles de Gaulle, *Discours et Messages*, I, p. 12.

15. Charles de Gaulle, *Lettres, Notes et Carnets*, X, p. 86.

16. Jean d'Escrienne, *op. cit.*, p. 112.

17. Alain Bozel, *Un Philosophe*, in *Charles de Gaulle, L'Herne*, nᵒ 21, p. 132.

18. Charles de Gaulle, *Le Fil de l'épée*, rééd. Plon, 1971, p. 26.

19. Jean Lacouture, *op. cit.*, I, p. 55.

20. Charles de Gaulle, *Lettres, Notes et Carnets*, I, p. 337.

21. In *Réalités*, février 1955.

22. Cité par Jacques Duquesne, *Les Catholiques français sous l'Occupation*, Grasset, 1966, p. 111.

23. François-Georges Dreyfus, *Formation d'une pensée humaniste*, in *Espoir*, nᵒ 56, septembre 1986.

24. Cf. l'ouvrage de Jean-Louis Loubet del Bayle, *Les Non-Conformistes des années 30*, Le Seuil, 1969. Retraçant « une tentative de renouvellement de la politique française », l'auteur analyse l'œuvre et la place de quatorze jeunes écrivains, parmi lesquels Robert Aron, Robert Brasillach, Daniel-Rops, Thierry Maulnier, Emmanuel Mounier et Denis de Rougemont.

25. Pierre Messmer et Alain Larcan, *op. cit.*, pp. 32-33.

26. Edmond Pognon, *Une certaine idée de la France*, in *Charles de Gaulle*, Hachette/Génie et Réalités, 1973, p. 171.

27. Alain Peyrefitte, *De Gaulle et les grands hommes de l'histoire de France*, in *De Gaulle en son siècle* (I - *Dans la mémoire des hommes et des peuples*), Actes des Journées internationales tenues à l'UNESCO à Paris, 19-24 novembre 1990, La Documentation Française/Plon, 1991.

28. Jean d'Escrienne, *op. cit.*, pp. 151-152.

29. Pierre-Henry Rix, *op. cit.*, p. 102.

30. Il ne s'y trouvait, précise Claude Dulong, que quatre chaises et quatre prie-Dieu « tout à fait ordinaires », ainsi qu'un autel en bois « aussi modeste ». La seule décoration notable était une Vierge en bronze doré, sans valeur, offerte par le primat de Pologne (*op. cit.*, p. 52).

31. Ainsi qu'aux RP Bruckberger et Louis de la Trinité (alias : amiral Thierry d'Argenlieu).

32. Jean d'Escrienne *op. cit.*, p. 152 (souligné par J. d'Escrienne).

33. Pierre-Louis Blanc, *op. cit.*, p. 25.

34. François Flohic, *op. cit.*, p. 132.

35. Pierre-Louis Blanc, *op. cit.*, pp. 214-215.

36. Philippe Ragueneau, *op. cit.*, p. 222.

37. « Le général de Gaulle pratiquait la religion chrétienne sans ostentation », écrivait le cardinal Daniélou à J.-J. Candy et M.-J. Roussel (*op. cit.*, p. 263). Ce que confirme l'abbé Jaugey : « Il *pratiquait* sans peur mais ne *s'affichait* pas. » Le curé de Colombey ajoutait cependant : « A-t-il pensé sa foi ? Je l'ignore. » (*ibid.*, p. 264).

38. François Mauriac, *De Gaulle*, Grasset, 1964, p. 95.

39. Pierre Lefranc, témoignage à l'auteur, 26 mai 1991.

40. Charles de Gaulle, *Mémoires de Guerre*, III, p. 45.

41. *Ibid.*, II, p. 234.

42. Ce silence du chef de la France Libre fait justice de certaines calomnies, d'autant plus inacceptables qu'elles émanent de non-catholiques.

43. Edgar de Larminat, *Chroniques irrévérencieuses*, Plon, p. 173.

44. Cité par J.-J. Candy et M.-J. Roussel, *op. cit.*, p. 268.

45. Robert Poujade, témoignage à l'auteur, 27 mai 1991.

46. Valéry Giscard d'Estaing, témoignage à l'auteur, 26 juillet 1991.

47. Bernard Tricot, témoignage à l'auteur, 4 octobre 1991.

48. Philippe de Gaulle, interview au *Point*, 19 novembre 1990.

49. Philippe de Gaulle, témoignage à l'auteur, 27 août 1991.

50. Charles de Gaulle, *Lettres, Notes et Carnets*, X, pp. 250-251.

51. Cité par J.-J. Candy et M.-J. Roussel, *op. cit.*, p. 33.

52. Sur ce point capital, de Gaulle se serait éloigné de l'exemple de ses parents.

53. Robert Aron, *Charles de Gaulle*, Perrin, 1964, p. 141.

54. Cité par R. Tournoux, *La Tragédie du Général*, p. 331.

55. Charles de Gaulle, *ibid.*, XI, p. 291.

56. *Ibid.*, XII, p. 87.

57. *Ibid.*, XII, pp. 132-133.

58. S'interrogeant sur la nature de la croyance gaullienne, Alain Peyrefitte se rallie, faute de mieux, à la thèse de la *foi du charbonnier* (témoignage à l'auteur, 24 novembre 1991).

59. Jean Lacouture, *op. cit.*, I, p. 817.

60. *Ibid.*, p. 818.

61. Raymond Tournoux, *ibid.*, p. 236.

62. *Ibid.*, p. 237.

63. Il n'y a pourtant, dans la formation intellectuelle de Charles de Gaulle, aucune trace d'une quelconque influence du monisme panthéiste cher à l'auteur de l'*Éthique*.

64. Raymond Tournoux, *Le Tourment et la Fatalité*, Plon, 1974, pp. 180-181.

65. Georges Buis, témoignage à l'auteur, 28 octobre 1991.

66. François Mauriac, *op. cit.*, p. 78.

67. Jean Gaulmier, *Anthologie de Gaulle*, Éditions France-Levant, 1942, p. 12.

68. André Malraux, *Les Chênes qu'on abat*, p. 183.

69. Propos rapportés par Éric Roussel, in *Le Figaro*, 18 juin 1991.

70. Entretien avec Roger Stéphane, *L'Âme d'un fondateur d'ordre*, in *Charles de Gaulle, L'Herne*, n° 21.

71. Contrairement à ce que soutient, sans arguments, l'historien du gaullisme Jean Touchard, pour qui de Gaulle appartenait à « cette race fort répandue de catholiques pratiquants que ne tourmente point l'inquiétude religieuse » (*Le Gaullisme*, Seuil/Points, p. 318).

72. Pierre-Louis Blanc, *op. cit.*, pp. 217-218.

73. « A beaucoup appris qui a beaucoup peiné. » Cette phrase, comme le quatrain de Nietzsche, est rapportée par Jean Mauriac (*op. cit.*, p. 67).

74. François Flohic, *Charles de Gaulle, l'homme, son comportement, son caractère*, in *Charles de Gaulle, L'Herne*, n° 21, p. 153.

75. Charles de Gaulle, *Mémoires de Guerre*, III, pp. 289-290.

76. *Ibid.*, II, p. 131.

77. Charles de Gaulle, *Discours et Messages*, I, p. 520.

78. J.-J. Candy et M.-J. Roussel, *op. cit.*, p. 55.

79. Cf. *Mémoires de Guerre*, I, p. 255 : « Dans les entreprises où l'on risque tout, un moment arrive d'ordinaire où celui qui mène la partie sent que le destin se fixe. »

80. Miguel de Unamuno, *Le Sentiment tragique de la vie*, Gallimard/Idées, 1966, p. 208.

81. Titre du libelle publié en 1969 (Robert Laffont). Dans l'avant-propos, l'auteur délimitait ainsi sa réflexion : « Faut-il désespérer du christianisme en politique ? Si oui, je crois que nous sommes perdus. »

82. Étienne Borne, *Les deux religions du général de Gaulle* in *La Croix*, 15-16 novembre 1970.

83. Robert Aron, *op. cit.*, p. 48.

84. Raymond Tournoux, *op. cit.*, pp. 450-451.

85. La communion des saints affirme l'étroite solidarité, l'unité entre l'Église triomphante (qui est au Ciel), l'Église souffrante (qui est au Purgatoire) et l'Église militante (ici-bas). Ces trois Églises n'en forment, en réalité, qu'une seule, qui rassemble tous ceux qui sont appelés à la sainteté et tous les biens spirituels mis à leur disposition. Dans cette perspective, la distinction entre vivants et morts perd beaucoup de son importance ; la mort n'est jamais qu'une transition entre un mode de vie et un autre mode de vie (sur lequel on ne possède que peu d'informations sûres).

86. Charles de Gaulle, *Baptême*, in *Lettres, Notes et Carnets*, I, pp. 97-107.

87. Dans *Zalaina* (1908), Charles de Gaulle développait déjà le thème de la renonciation d'un jeune officier à un amour de jeunesse. Après le suicide de la jeune femme, il avait décidé de survivre pour servir la France (*Lettres, Notes et Carnets*, I, pp. 39-43).

88. J.-J. Candy et M.-J. Roussel, *op. cit.*, pp. 251-252.

89. Jean d'Escrienne, *op. cit.*, p. 154.

90. François Flohic, *op. cit.*, p. 132.

91. Pierre-Louis Blanc, *op. cit.*, p. 209.

92. Charles de Gaulle, *Le Fil de l'épée*, rééd. Le Livre de Poche, p. 14.

CHAPITRE VI : « SI DIEU ME PRÊTE VIE... »

1. Philippe de Gaulle, interview au *Point*, 19 novembre 1990.

2. Marcel Jullian, in *Le Figaro*, 8 novembre 1990.

3. Michel Droit, in *Le Figaro*, 11 juin 1990.

4. Jean d'Escrienne, *op. cit.*, p. 92.

5. Pierre-Louis Blanc, *op. cit.*, pp. 16-17.

6. Pierre Lefranc, *op. cit.*, pp. 228-229.

7. Pierre Billotte, *op. cit.*, p. 225.

8. Anne et Pierre Rouanet, *L'Inquiétude d'outre-mort du général de Gaulle*, Grasset, 1985, p. 237.

9. Pierre Billotte, *op. cit.*, p. 226.

10. Henri Guillemin, *op. cit.*, p. 219.

11. Général Spears, *La Chute de la France*, in *En ce temps-là de Gaulle*, nº 7.

12. Anne et Pierre Rouanet, *op. cit.*, p. 318.

13. Pierre Lefranc, *op. cit.*, p. 143.

14. Jean Lacouture, *op. cit.*, II, p. 325.

15. Georges Buis, témoignage à l'auteur, 28 octobre 1991. Pierre Messmer nous a, de son côté, déclaré : « Il avait arrêté de fumer non par peur du cancer, mais parce que c'était une dépendance » (témoignage à l'auteur, 9 juillet 1992).

16. Dans une lettre à sa veuve, de Gaulle exprimait son « immense chagrin », faisant l'éloge du « compagnon des pires et des plus grands jours », de « l'ami sûr » : « Sous l'écorce,

concluait-il, nous n'avons jamais cessé d'être profondément liés l'un à l'autre » (*Lettres, Notes et Carnets* VI, pp. 241-242).

17. Pierre-Louis Blanc, *op. cit.*, p. 139.

18. Cité par Jean Lacouture, *op. cit.*, II, p. 389.

19. Pierre-Louis Blanc, *op. cit.*, p. 108.

20. Cité par Jean Lacouture, *op. cit.*, II, p. 403.

21. Alain de Boissieu, *Pour servir le Général*, Plon, 1982, pp. 73-74.

22. François Flohic, *op. cit.*, p. 145.

23. Marie-Alain Couturier, *La Vérité blessée*, Plon, 1984, p. 190.

24. Jean Mauriac, in *Le Figaro*, 21 mai 1990.

25. Ce document (du moins l'enveloppe, non ce qu'elle contenait) se trouve dans les archives de l'Ordre de la Libération. Il a été reproduit par Anne et Pierre Rouanet (*op. cit.*, p. 224).

26. François Flohic, *op. cit.*, p. 139.

27. *Ibid.*, p. 60.

28. Charles de Gaulle, *Lettres, Notes et Carnets*, X, p. 52.

29. Pierre Viansson-Ponté, *op. cit.*, p. 375.

30. *Ibid.*, pp. 219 et 376.

31. Jean Lacouture, *op. cit.*, III, p. 617.

32. *Ibid.*, p. 622.

33. Raymond Tournoux, *Le Tourment et la Fatalité*, p. 133.

34. François Flohic, *op. cit.*, p. 129.

35. *Ibid.*, p. 107.

36. *Ibid.*, p. 184.

37. Éric Roussel, *op. cit.*, p. 270.

38. Pierre Lefranc, *op. cit.*, p. 225.

39. Jacques Chapus, *op. cit.*, p. 77.

40. Philippe Alexandre, *Le Duel de Gaulle-Pompidou*, Grasset, 1970, p. 385.

41. François Flohic, *op. cit.*, p. 216.

42. Jean Mauriac, *op. cit.*, p. 77.

43. Charles de Gaulle, *op. cit.*, XII, p. 164.

44. René de Saint-Légier, in *Charles de Gaulle, L'Herne*, n° 21.

45. Cité par Jean Mauriac, *op. cit.*, pp. 73-74.

46. Jacques Chapus, *op. cit.*, p. 113.

47. René Brouillet, témoignage à l'auteur, 24 septembre 1991.

48. Pierre-Louis Blanc, *op. cit.*, p. 139.

CHAPITRE VII : LA MORT DE PRÈS

1. Charles de Gaulle, *Lettres, Notes et Carnets*, I, p. 88.

2. *Ibid.*, I, p. 133.

3. *Ibid.*, I, p. 179.

4. Pierre Messmer et Alain Larcan, *op. cit.*, p. 39.

5. Jean Lacouture, *op. cit.*, I, pp. 73-74. Cette version des faits a été catégoriquement démentie par divers organes de presse antigaullistes. Selon ces sources, fondées sur des témoignages tardifs et non recoupés, le capitaine de Gaulle se serait rendu sans combattre, après n'avoir reçu que des blessures bénignes.

6. Pierre Lefranc, *op. cit.*, pp. 13-14.

7. Maurice Schumann, témoignage à l'auteur, 4 juillet 1991.

8. Pierre Messmer, témoignage à l'auteur, 9 juillet 1992.

9. Maurice Druon, témoignage à l'auteur, 8 novembre 1991.

10. Miguel de Unamuno, *op. cit.*, p. 48.

11. Pierre-Louis Blanc, *op. cit.*, p. 146.

12. Charles de Gaulle, *op. cit.*, V, p. 297.

13. Charles de Gaulle, *Mémoires de Guerre*, II, p. 314.

14. Claude Mauriac, *op. cit.*, pp. 48-49.

15. Jean Lacouture, *op. cit.*, III, p. 622.

16. Pierre Démaret et Christian Plume, *Objectif de Gaulle*, Robert Laffont, 1973.

17. *Ibid.*, p. 143.

18. Pierre Viansson-Ponté, *op. cit.*, p. 259, et Jean Lacouture, *op. cit.*, III, p. 197.

19. Jean d'Escrienne, *op. cit.*, p. 84.

20. Cf. notamment Jean Laborde, *L'Attentat du Petit-Clamart*, in *Le Roman vrai de la Vᵉ République (La Déchirure 1961-1962)*, Julliard, 1980, pp. 285-314.

21. Alain de Boissieu, *op. cit.*, p. 165.

22. Louis Terrenoire, *De Gaulle vivant*, Plon, 1971, p. 46.

23. Maurice Druon, *Merci, de Gaulle,* in *France-Soir*, 11 novembre 1970.

24. Pierre Lefranc, *op. cit.*, p. 46.

25. Pierre Lefranc, témoignage à l'auteur, 26 mai 1991.

26. Georges Buis, témoignage à l'auteur, 28 octobre 1991.

27. Georges Buis précise cependant : « De Gaulle, être profondément sensible, était fortement atteint par la mort de ses compagnons. Aussi bien n'a-t-il voulu qu'eux autour de son cercueil » (témoignage à l'auteur).

28. Éric Brihaye, *La Littérature gaullienne*, mémoire de maîtrise d'histoire, Lille-III, 1985.

29. Pierre-Henry Rix, *op. cit.*, p. 87.

30. Charles de Gaulle, *op. cit.*, I, p. 233.

31. Jean Lacouture, *op. cit.*, I, p. 158.

32. André Frossard, *Anne*, in *En ce temps-là de Gaulle*, nᵒ 30.

33. Alain de Boissieu, *op. cit.*, p. 41.

34. Cité par Jean-Marie Mayeur, in *De Gaulle en son siècle*, *op. cit.*, I, p. 439.

35. Sur ce point, il faut donner acte à Maurice Schumann que l'attitude de Charles de Gaulle en cette douloureuse circonstance peut apparaître comme une nouvelle illustration de sa croyance dans la communion des saints.

36. Charles de Gaulle, *Lettres, Notes et Carnets*, X, p. 185.

37. Cité par Raymond Tournoux, *Le Feu et la Cendre*, p. 259.

38. Jean Guitton *op. cit.*, p. 308.

39. Philippe de Gaulle, témoignage à l'auteur, 27 août 1991.

40. Le capitaine de corvette Robert Détroyat avait été tué sous la bannière française libre lors des combats fratricides de Syrie. Dans ses *Mémoires de Guerre*, de Gaulle saluera les « morts français des deux camps » : « De l'autre côté, nombre de bons officiers et soldats tombent bravement sous notre feu » (I, p. 160).

41. Jean Gaulmier, témoignage à l'auteur, 30 mai 1991.

42. Charles de Gaulle, *Discours et Messages*, I, pp. 122-123.

43. Charles de Gaulle, *Mémoires de Guerre*, II, p. 67.

44. Il convient de préciser qu'en condamnant l'ancien ministre de l'Intérieur, le tribunal avait émis le vœu que la peine ne fût pas exécutée. De Gaulle déclara aux avocats de Pucheu : « Je dois m'élever au-dessus des passions ; seule la raison d'État doit dicter ma décision » (Henri-Christian Giraud, *De Gaulle et les communistes*, II, Albin Michel, 1989, p. 209).

45. Lettre publiée par le RP Bruckberger dans *Espoir*, septembre 1974, p. 35.

46. Une photographie de Jacques Doriot, chef du PPF, en uniforme allemand, lui aurait été abusivement présentée comme figurant Brasillach et cette confusion aurait entraîné, in extremis, le refus de gracier.

47. Jean Lacouture, *op. cit.*, II, p. 148.

48. André Brissaud, *L'Apprenti sorcier*, in *Pour et contre de Gaulle, Historia Hors Série*, n° 29, 1973, p. 67.

49. René Brouillet, témoignage à l'auteur, 24 septembre 1991.

50. RP Bruckberger, *art. cit.*, in *Espoir*, septembre 1974.

51. Maurice Patin, alors directeur des Affaires criminelles et des grâces.

52. Robert Aron, *op. cit.*, p. 99.

53. Charles de Gaulle, *op. cit.*, III, pp. 107-108.

54. Jean Foyer, in *En ce temps-là de Gaulle*, nº 25.

55. Alain de Boissieu, *op. cit.*, p. 169.

56. Circonstance aggravante : ce journal n'était autre que *L'Aurore*, principal organe de l'opposition antigaulliste de droite (témoignage de Maurice Schumann à l'auteur).

57. Alain de Boissieu, témoignage à l'auteur, 7 juin 1991.

58. Il y avait d'ailleurs une contradiction entre la volonté manifeste de tuer de Gaulle (en s'abritant derrière l'argument du « tyrannicide » développé par saint Augustin et la caution de certains hommes d'Église jamais identifiés) et l'idée d'un grand procès politique, qui supposait que l'embuscade du Petit-Clamart n'était destinée qu'à capturer le chef de l'État félon.

59. Propos confirmé par Raymond Tournoux, *La Tragédie du Général*, p. 454.

60. Alain de Boissieu, témoignage à l'auteur (souligné par le général de Boissieu).

CHAPITRE VIII : LES CLINS D'ŒIL DU DESTIN

1. Dans la réalité, les chiffres sont, il est vrai, quelque peu exagérés : le premier tirage des *Mémoires d'Espoir* ne fut pas de 750 000 mais de 400 000 exemplaires, ce qui était tout de même considérable. Il sera vite épuisé. À ce jour, la vente totale de ce volume s'élève à 688 000 exemplaires. Le tome 2, qui paraîtra en mars 1971, tiré à 500 000 exemplaires, ne s'est vendu, en tout, qu'à 287 000 exemplaires (ce qui en fait un incontestable succès, mais, en raison de l'importance du tirage, une mauvaise affaire commerciale).

2. Jean Mauriac, *op. cit.*, p. 146.

3. Pierre-Louis Blanc, *op. cit.*, p. 298.

4. Elle avait pourtant échappé à Bernard Tricot, qui était allé voir le Général en Irlande au printemps 1969 : « Il m'avait alors montré les premiers feuillets qu'il avait rédigés. Il en était satisfait » (témoignage à l'auteur, 16 octobre 1991).

5. Pierre Lefranc, *op. cit.*, pp. 74-75.

6. Jean d'Escrienne, *op. cit.*, pp. 144-145.

7. Jean Mauriac, *op. cit.*, p. 51.

8. *Ibid.*, p. 139.

9. Charles de Gaulle, *Lettres, Notes et Carnets*, XII, p. 38.

10. *Ibid.*, p. 75.

11. *Ibid.*, p. 134.

12. *Ibid.*, p. 140.

13. *Ibid.*, p. 147.

14. *Ibid.*, p. 85.

15. *Ibid.*, p. 153.

16. *Ibid.*, p. 152.

17. *Ibid.*, p. 154.

18. Le 22 septembre 1970, il félicitera l'auteur du présent ouvrage, qui venait de publier son premier livre, consacré à l'histoire du Bataillon du Pacifique, qualifié par lui d'« utile contribution à l'histoire de la France Libre ».

19. Philippe Ragueneau, *op. cit.*, p. 119.

20. Charles de Gaulle, *op. cit.*, p. 165.

21. De Gaulle avait alors vu disparaître le général Mellier, son ancien capitaine de Saint-Cyr, le colonel de Lastour, un autre ancien de Saint-Cyr, le journaliste Rémy Roure, son compagnon de captivité des années 1916-1918, mort le 8 novembre 1966, et cet autre ami de jeunesse, Alphonse Juin.

22. Charles de Gaulle, *op. cit.*, p. 160.

23. Pierre Lefranc, témoignage à l'auteur, 26 mai 1991.

24. « Dix ou quinze ans avant sa mort », selon Philippe de Gaulle (interview au *Point*, 19 novembre 1990).

25. De Gaulle avait de la sympathie pour Hindenburg, qualifié dans *La Discorde chez l'ennemi* d'« homme sensible et pitoyable ».

26. Jean Mauriac, *op. cit.*, p. 140. Raphaël, de l'hébreu « Dieu a guéri » ou « Envoyé pour guérir », également appelé

Azarias, apparaît dans le *Livre de Tobie*. Véritable ange gardien de Tobie et de son père, il ne révèle sa véritable identité qu'à la fin de sa mission terrestre : il est l'un des sept anges qui se tiennent toujours prêts à pénétrer auprès de la « Gloire du Seigneur ».

27. Cité par Jacques Chapus, *op. cit.*, p. 213.

28. Charles de Gaulle, *op. cit.*, p. 81.

29. J.-J. Candy et M.-J. Roussel, *op. cit.*, p. 165.

30. Jean Mauriac, *op. cit.*, p. 129.

31. *Le Figaro*, 31 octobre 1970.

32. On a longtemps prétendu, on continue de prétendre que c'est en entendant l'ancien chef de l'OAS sur les ondes d'Europe 1 que de Gaulle était mort, suggérant ainsi un rapport de cause à effet entre les deux faits. Rumeur infondée : Salan avait parlé le 8 novembre, de Gaulle est mort le 9.

33. Charles de Gaulle, *op. cit.*, II, p. 280.

34. Emmanuel d'Astier de La Vigerie, *Les Grands*, Gallimard, 1961, p. 137.

35. Franz-Olivier Giesbert, *François Mitterrand ou la tentation de l'Histoire*, Le Seuil, 1977, p. 176.

36. Anne et Pierre Rouanet, *L'Inquiétude d'outre-mort du général de Gaulle*, p. 351.

37. Anne et Pierre Rouanet, *Les trois derniers chagrins du général de Gaulle*, I, p. 366.

38. *Ibid.*, p. 371.

39. Pierre-Louis Blanc, *op. cit.*, p. 217.

CHAPITRE IX :
« APRÈS TOUT, IL N'Y A QUE LA MORT QUI GAGNE... »

1. Philippe de Gaulle, interview au *Point*, 19 novembre 1990.

2. Charles de Gaulle, *Lettres, Notes et Carnets*, II, p. 11.

3. *Ibid.*, pp. 284 et 292.

4. *Ibid.*, XII, p. 177.

5. Louis Terrenoire, *op. cit.*, pp. 291-292.

6. Charles de Gaulle, *op. cit.*, XII, p. 186.

7. Cf. supra, pp. 60-61.

8. Charles de Gaulle, *op. cit.*, XII, p. 187.

9. *Le Figaro*, 9 novembre 1990.

10. Byron, *Le Chevalier Harold*, III, XCVII.

11. Charles de Gaulle, *op. cit.*, XII, p. 179.

12. Pierre-Louis Blanc, *op. cit.*, p. 65.

13. Charles de Gaulle, *op. cit.*, XII, p. 176.

14. « Rare banalité », rectifie Georges Buis, qui trouve qu'il s'agit là d'une « réflexion de concierge » et assure : « De Gaulle était tout le contraire d'un fataliste » (témoignage à l'auteur, 28 octobre 1991).

15. Charles de Gaulle, *Mémoires de Guerre*, III, p. 78.

16. Pierre-Henry Rix, *op. cit.*, p. 99.

17. Charles de Gaulle, *Lettres, Notes et Carnets*, XII, p. 121.

18. Charles de Gaulle, allocution devant la colonie ecclésiastique française de Rome, 31 mai 1967, *Discours et Messages*, V, p. 179.

19. Jean Lucas Dubreton, *Charles Quint*, Fayard, 1958, pp. 380-382.

20. Pierre-Henry Rix, *op. cit.*, p. 118.

21. Charles de Gaulle, *op. cit.*, II, p. 80.

22. Pierre-Henry Rix, *op. cit.*, p. 100.

23. Pierre Lefranc, témoignage à l'auteur, 26 mai 1991.

24. Charles de Gaulle, *Discours et Messages*, I, p. 309.

25. Michel Cazenave, *De Gaulle et la terre de France*, Plon, 1988, p. 75.

26. Charles de Gaulle, *Lettres, Notes et Carnets*, I, p. 43.

27. Cité par Jacques Chapus, *op. cit.*, p. 42.

28. Jean Mauriac, *op. cit.*, p. 180. Les volets du salon étaient fermés et la pièce éclairée seulement par deux bougies.

29. Il s'agit probablement de Charlotte Marchal, qui déclarera à *Paris-Match* : « Le Général, sur son lit, il avait quinze ans de moins, il avait les traits reposés, il avait vraiment rajeuni. »

30. Jean Mauriac, *op. cit.*, p. 166.

31. Georges Pompidou et son Premier ministre, Jacques Chaban-Delmas, n'arriveront à Colombey qu'après la fermeture du cercueil, à la fin de l'après-midi du 11 novembre.

32. Cité par Jacques Chapus, *op. cit.*, p. 50.

33. Jean Mauriac, *op. cit.*, p. 178.

34. *Ibid.*, p. 181.

35. Charles de Gaulle, *Mémoires de Guerre*, II, p. 311.

36. Sauf par Charles de Gaulle.

37. Comme la plupart des grandes villes de France, Paris s'est prononcé pour le « Non » au référendum de 1969.

38. « Ah ! le peuple est en haut, mais la foule est en bas » (Hugo, *L'Année terrible*).

39. *France-Soir*, 13 novembre 1970.

40. Cité par Jean Lacouture, *op. cit.*, III, p. 796.

41. Anna de Noailles, *Le Cœur innombrable*.

42. Charles de Gaulle, *Lettres, Notes et Carnets*, II, p. 293.

INDEX

235

239

TABLE DES MATIÈRES

DU MÊME AUTEUR

Le Bataillon des Guitaristes, préface du général Kœnig, Fayard, 1970 (Prix littéraire de la Résistance 1971).

Les Bombardiers de la France Libre, Presses de la Cité, 1979.

Maurice Barrès, Jean-Claude Lattès, 1987 (ouvrage couronné par l'Académie française).

Anna de Noailles, un mystère en pleine lumière, Robert Laffont, 1989.

Léon Daudet, le dernier imprécateur, Robert Laffont, 1992 (Prix Paul-Léautaud 1992).

CHEZ LE MÊME ÉDITEUR

COLLECTION ROUGE ET BLANCHE

MINISTRE DE LA JUSTICE
Vichy 1941-1943
par Joseph-Barthélemy
Mémoires
Le meilleur témoignage existant sur l'Occupation et les Sections Spéciales.

•

SKORZENY
CHEF DES COMMANDOS DE HITLER
par Glenn B. Infield
Mai 1943-Juillet 1975
Trente-deux années de stratégie secrète nazie.

•

LA DIVISION DAS REICH ET LA RÉSISTANCE
par Max Hastings
Un éclairage nouveau sur l'une des plus terribles pages de la guerre secrète.

•

LA GUERRE DU PACIFIQUE
1941-1945
par John Costello
(2 volumes)
Nouvelle histoire à partir d'archives restées jusqu'ici inédites.

•

LA GUERRE SECRÈTE
1938-1945
par Anthony Cave Brown
(2 volumes)
Une totale remise en cause de la Seconde Guerre mondiale.

•

LES GUERRES D'INDOCHINE
par Philippe Franchini
(2 volumes)
La première histoire exhaustive des guerres française et américaine.

•

DÖNITZ
ET LA GUERRE DES U-BOOTE
1891-1980
par Peter Padfield
L'unique ouvrage de référence sur le successeur de Hitler et la guerre sous-marine.

•

ADOLF HITLER
1889-1945
par John Toland
(2 volumes)
La plus monumentale et objective biographie
du dictateur nazi.

•

LE RÉSEAU SORGE
par Gordon W. Prange
Fruit de vingt années de recherches, l'extraordinaire histoire de Richard Sorge,
l'espion du siècle, et de son réseau démasqué durant la Seconde Guerre mondiale.

•

LA TRAHISON DE PEARL HARBOR
par J. Rusbridger / E. Nave
Comment Churchill entraîna Roosevelt dans la guerre.

•

LA GUERRE D'ALGÉRIE
par Pierre Montagnon
Ouvrage couronné par l'Académie française.

CHEZ LE MÊME ÉDITEUR

COLLECTION ROUGE ET BLANCHE
(suite)

LA CONQUÊTE D'ALGÉRIE
par Pierre Montagnon
1830-1871 : les germes de la discorde.

•

LA FRANCE COLONIALE
par Pierre Montagnon
(2 volumes)
Tome 1 : La Gloire de l'Empire
Tome 2 : Retour à l'Hexagone

•

LA GRANDE HISTOIRE DE LA
SECONDE GUERRE MONDIALE
par Pierre Montagnon
(2 volumes)
Tome 1 : Septembre 1938/Juin 1940
De Munich à Dunkerque
Tome 2 : Juin 1940/Juin 1941
De l'Armistice à la Guerre du Désert.

———

LES ROIS QUI ONT FAIT LA FRANCE
(en vingt volumes)
par Georges Bordonove
LES PRÉCURSEURS
Clovis. — Charlemagne.

•

LES CAPÉTIENS
Hugues Capet, le fondateur.
Philippe Auguste. — Saint Louis.
Philippe le Bel.

•

LES VALOIS
Charles V. — Charles VII. — Louis XI.
François Ier. — Henri II. — Henri III.

•

LES BOURBONS
Henri IV. — Louis XIII. — Louis XIV. — Louis XV.
Louis XVI. — Louis XVIII. — Charles X. — Louis-Philippe.

———

LES GRANDES HEURES DE L'HISTOIRE DE FRANCE
LA TRAGÉDIE CATHARE
par Georges Bordonove
Raymond de Toulouse, Le massacre de Béziers,
La prise de Carcassonne, Simon de Montfort, La chute de Minerve,
Le Bûcher de Montségur.

•

LES CROISADES
ET LE ROYAUME DE JÉRUSALEM
par Georges Bordonove
Godefroy de Bouillon, L'ordre des Templiers,
L'illustre roi lépreux, Saladin à Jérusalem,
L'inflexible Saint Louis, La fin de Saint Jean d'Acre.

Achevé d'imprimer en janvier 1993
sur presse CAMERON,
dans les ateliers de la S.E.P.C.
à Saint-Amand-Montrond (Cher),
pour le compte des éditions Pygmalion

— N° d'édit. 412. — N° d'imp. 027. —
Dépôt légal : janvier 1993.

Imprimé en France